JN450251

쉬워서 재미난 영어성경공부 신약편

Easy English Bible Study II

유·초등부

kmc

쉬워서 재미난 영어성경공부 신약편

Easy English Bible Study II

유·초등부

SING A SONG List

The Lord's Prayer 주기도문

Ecumenical Text_894

Our Father in heaven, hallowed be your name, your kingdom come, your will be done, on earth as in heaven. Give us today our daily bread. Forgive us our sins as we forgive those who sin against us. Save us from the time of trial and deliver us from evil. For the kingdom, the power, and the glory are yours now and forever. Amen.

하늘에 계신 우리 아버지여, 이름이 거룩히 여김을 받으시오며, 나라가 임하시오며, 뜻이 하늘에서 이루어진 것같이 땅에서도 이루어지이다. 오늘 우리에게 일용할 양식을 주시옵고, 우리가 우리에게 죄 지은 자를 사하여 준 것같이 우리 죄를 사하여 주시옵고, 우리를 시험에 들게 하지 마시옵고, 다만 악에서 구하시옵소서. 나라와 권세와 영광이 아버지께 영원히 있사옵나이다. 아멘.

Apostle's Creed 사도신경

Ecumenical Version of UMC

I believe in God, the Father Almighty, creator of heaven and earth. I believe in Jesus Christ, his only Son, our Lord, who was conceived by the Holy Spirit, born of the Virgin Mary, suffered under Pontius Pilate, was crucified, died, and was buried; he descended to the dead. On the third day he rose again; he ascended into heaven, is seated at the right hand of the Father, and will come again to judge the living and the dead. I believe in the Holy Spirit, the holy catholic[1] church, the communion of saints, the forgiveness of sins, the resurrection of the body, and the life everlasting. Amen.

1) universal

전능하사 천지를 만드신 하나님 아버지를 내가 믿사오며, 그 외아들 우리 주 예수 그리스도를 믿사오니, 이는 성령으로 잉태하사 동정녀 마리아에게 나시고, 본디오 빌라도에게 고난을 받으사 십자가에 못 박혀 죽으시고, 장사한 지 사흘 만에 죽은 자 가운데서 다시 살아나시며, 하늘에 오르사 전능하신 하나님 우편에 앉아 계시다가, 저리로서 산 자와 죽은 자를 심판하러 오시리라. 성령을 믿사오며, 거룩한 공회와 성도가 서로 교통하는 것과 죄를 사하여 주시는 것과 몸이 다시 사는 것과 영원히 사는 것을 믿사옵나이다. 아멘.

The Ten Commandments 십계명

English Standard Version

And God spoke all these words, saying, I am the Lord your God, who brought you out of the land of Egypt, out of the house of slavery.
1. You shall have no other gods before me. **2.** You shall not make for yourself a carved image, or any likeness of anything that is in heaven above, or that is in the earth beneath, or that is in the water under the earth. You shall not bow down to them or serve them. **3.** You shall not take the name of the Lord your God in vain. **4.** Remember the Sabbath day, to keep it holy. **5.** Honor your father and your mother. **6.** You shall not murder. **7.** You shall not commit adultery. **8.** You shall not steal. **9.** You shall not bear false witness against your neighbor. **10.** You shall not covet your neighbor's house.

하나님이 이 모든 말씀으로 말씀하여 이르시되 나는 너를 애굽 땅, 종 되었던 집에서 인도하여 낸 네 하나님 여호와니라. **제일은**, 너는 나 외에는 다른 신들을 네게 두지 말라. **제이는**, 너를 위하여 새긴 우상을 만들지 말고, 또 위로 하늘에 있는 것이나 아래로 땅에 있는 것이나 땅 아래 물 속에 있는 것의 어떤 형상도 만들지 말며, 그것들에게 절하지 말며, 그것들을 섬기지 말라. **제삼은**, 너는 네 하나님 여호와의 이름을 망령되게 부르지 말라. **제사는**, 안식일을 기억하여 거룩하게 지키라. **제오는**, 네 부모를 공경하라. **제육은**, 살인하지 말라. **제칠은**, 간음하지 말라. **제팔은**, 도둑질하지 말라. **제구는**, 네 이웃에 대하여 거짓 증거하지 말라. **제십은**, 네 이웃의 집을 탐내지 말라.

이 책은 하나님의 말씀을 영어로 배우는 책입니다.
쉬운 영어로 찬양도 부르고, 성경 말씀을 읽고,
기도하다 보면 자연스럽게 영어를 익힐 수 있습니다.

그림을 보며 이야기해요.

본문을 소리 내어 읽어요.

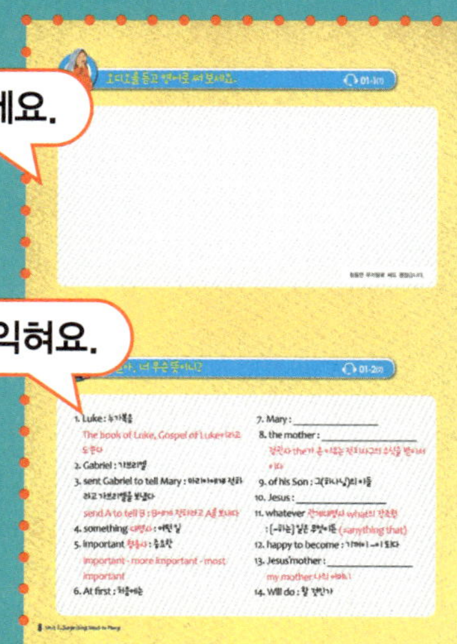

오디오로 성경이야기를 듣고 영어로 써 보세요.

낱말의 발음과 뜻을 익혀요.

문장 안에 있는 낱말을 보면서 빈칸에 낱말의 뜻을 써 넣어요.

선생님의 질문에 영어로 답해요.

영어로 기도한 후 우리말로 다시 한 번 기도해요.

마음을 열고 영어찬양을 배워요.

Surprising News to Mary

마리아에게 온 놀라운 소식

God sent the angel Gabriel to tell Mary something very important.
At first Mary was afraid.
But the angel said, "God wants you to be the mother of his Son, Jesus!"
Mary said she would do whatever God wanted.
She was very happy to become Jesus' mother

Luke 1

오디오를 듣고 영어로 써 보세요. 01-1(1)

힘들면 우리말로 써도 괜찮습니다.

낱말아, 너 무슨 뜻이니? 01-2(2)

1. Luke : 누가복음
   The book of Luke, Gospel of Luke이라고 도 쓴다
2. Gabriel : 가브리엘
3. sent Gabriel to tell Mary : 마리아에게 전하라고 가브리엘을 보냈다
   send A to tell B : B에게 전하라고 A를 보내다
4. something 대명사 : 어떤 일
5. important 형용사 : 중요한
   important - more important - most important
6. At first : 처음에는
7. Mary : ____________________
8. the mother : ____________________
   정관사 the가 온 이유는 전치사구의 수식을 받아서 이다
9. of his Son : 그(하나님)의 아들
10. Jesus : ____________________
11. whatever 관계대명사 what의 강조형
    : [~하는] 일은 무엇이든(=anything that)
12. happy to become : 기꺼이 ~이 되다
13. Jesus' mother : ____________________
    my mother : 나의 어머니
14. Will do : 할 것인가

문장 안에 있는 낱말의 역할을 관찰해요. 01-3(3)

1. God/ sent/ the angel Gabriel/ to tell/ Mary/ something/ very important.

   / 전하기 위해서/ 마리아에게/ 어떤 일을/ 매우 중요한

2. At first/ Mary/ was/ afraid.

3. But the angel/ said,/ "God/ wants/ you/ to be/ the mother/ of his Son, Jesus!"

   그러나 그 천사가/ 말했어요/

4. Mary/ said/ she/ would do/ whatever God/ wanted.

   마리아가/ 말했어요/ 그녀가/ 할 것이라고/

5. She/ was/ very happy/ to become/ Jesus' mother.

   그녀는/ 이었어요/ 매우 행복한/ 되는 것이/

물음에 답하세요.

*기도문에서 You는 하나님을 뜻하기 때문에 대문자로 표시했음

Will you do whatever God wants you to do?
여러분은 하나님께서 여러분이 하기를 원하시는 일이 무엇이든지 할 건가요?

01-4(4)

Let's Pray!

Dear God, we are so excited to know that an angel came to Mary to tell something extraordinary. She was a normal person like us. But when God chose her to be the holy baby's mother, she needed huge courage to obey You. Make us brave as Mary. In Jesus' name, we ask this. Amen.

기도드려요!

사랑하는 하나님, 우리는 하나님의 천사가 마리아에게 찾아와 아주 신기한 이야기를 한 것이 놀라워요. 마리아도 우리와 같은 평범한 사람이었지요. 그러나 하나님께서 거룩하신 아기의 어머니가 되게 하셨을 때, 마리아는 하나님께 순종하기 위해서 큰 용기가 필요했어요. 우리가 마리아와 같이 용감한 사람이 되게 해 주세요. 예수님의 이름으로 기도합니다. 아멘.

SING A SONG

Your Love Is Deep

주 사랑 깊고

DAN COLLINS,
SUSANNA BUSSEY KIRKSEY & JAMI SMITH
번역자 SeungJoo Lee

Unit 2

Jesus Our Savior

우리의 구원자 예수님

On the night Jesus was born, some shepherds were taking care of their sheep.
An angel came to tell them that they could find baby Jesus in a manger.
Suddenly thousands of angels appeared in the sky.
They praised God for sending Jesus to be our Savior.

Luke 2

오디오를 듣고 영어로 써 보세요. 02-1(5)

힘들면 우리말로 써도 괜찮습니다.

낱말아, 너 무슨 뜻이니? 02-2(6)

1. On the night : 그 밤에
   on 전치사 (때) : ~에
2. was born : ____________________
   was : be동사 3인칭 단수 과거형
   be동사+과거분사=수동태
   bear(~을 낳다)-bore-born
3. some shepherds : 몇 명의 목자들, 몇 명의 양치기들
4. in a manger : 하나의 구유 안에 있는
   in 전치사 (위치) : ~안에
5. Suddenly : ____________
6. thousands of angels : 수천 명의 천사들
7. appeared : 나타났다
   appear(나타나다)-appeared-appeared
8. in the sky : 하늘에
9. praised : 찬송했다
   praise([하나님을] 찬송하다)-praised-praised
10. sending 동명사 : 보내신 것
11. to be to부정사의 부사적 용법 (목적) : 되게 하시기 위해
12. our Savior : 우리의 구원자
13. can thank : 감사드릴 수 있다
14. for Jesus : 예수님 때문에
    for 전치사 (이유, 원인) : ~ 때문에, ~한 까닭에

문장 안에 있는 낱말의 역할을 관찰해요. 02-3(7)

1. On the night/ Jesus/ was born,/ some shepherds/ were taking care of/ their sheep.

   / 몇 명의 목자들이/ 돌보고 있었어요/ 그들의 양들을

2. An angel/ came/ to tell/ them/ that they/ could find/ baby Jesus/ in a manger.

   / 그들이/ 찾을 수 있다고/ 아기 예수님을/ 구유 안에 있는

3. Suddenly/ thousands of angels/ appeared/ in the sky.

4. They/ praised/ God/ for sending Jesus/ to be our Savior.

   그들은/ 찬송했어요/ 하나님을/

물음에 답하세요.

You can thank God for Jesus too!
여러분도 예수님 때문에 하나님께 감사드릴 수 있어요!

02-4(8)

Let's Pray!

Most merciful God, we are so impressed by Your love. You gave us Jesus our savior. Let us praise You as the angels did on the night. Now we can be happy, knowing that You love us as You sent Jesus to be our Lord, Savior, and Friend. Make us love You more, more than ever. In the name of Jesus, we pray. Amen.

기도드려요!

자비로우신 하나님, 우리는 하나님의 사랑에 감격합니다. 하나님께서 예수님이 우리의 구원자가 되게 하셨지요. 그 밤에 천사들이 하나님을 찬양한 것처럼 우리도 하나님을 찬양하게 해 주세요. 이제 우리는 행복합니다. 하나님께서 예수님을 우리의 주님으로, 구원자로, 친구로 보내 주실 만큼 우리를 사랑하셔서요. 우리가 하나님을 더 많이 사랑하게 해 주세요. 예수님의 이름으로 기도합니다. 아멘.

No One Like You
주님 같은 분 없네

번역자 SeungJoo Lee

Unit 3

The Shepherds Find Baby Jesus

목자들이 아기 예수님을 발견하다

When the angels left, the shepherds said,
"Let's go to Bethlehem. Let's see if we can find this baby."
They found Jesus lying in a manger, just as the angel had said.
How excited they were!
They told everyone the good news.
They praised God all the way back to their fields.

Luke 2

오디오를 듣고 영어로 써 보세요. 03-1(9)

힘들면 우리말로 써도 괜찮습니다.

낱말아, 너 무슨 뜻이니? 03-2(10)

1. Let's go : 가자(= Let us go)
   go(가다)-went-gone
2. Let's see : 보자(= Let us see)
3. if 접속사 (간접의문문을 이끌어) : ~인지 어떤지 (=whether)
4. found : ______________
5. lying 현재분사 : 누워 있는
   lie([사람이] 눕다)-lay-lain
6. in a manger : 하나의 구유 안에 있는
7. just as : 바로 ~처럼
8. excited 형용사 : 흥분한
9. everyone 대명사 : ______________
10. the good news : ______________
11. praised : 찬양했다
    praise([하나님을] 찬양하다)-praised-praised
12. all the way back to : ~로 돌아가는 길 내내
13. their fields : 그들의 들판, 밭

문장 안에 있는 낱말의 역할을 관찰해요. 03-3(11)

1. When the angels/ left,/ the shepherds/ said,

/ 그 목자들이/ 말했어요

2. "Let's go/ to Bethlehem./ Let's see/ if we/ can find/ this baby."

/ 봅시다/ 우리가/ 찾을 수 있는지/ 이 아기를

3. They/ found/ Jesus/ lying/ in a manger,/ just as the angel/ had said.

/ 그 천사가/ 말했던 것처럼

4. How/ excited/ they/ were!

5. They/ told/ everyone/ the good news.

그들은/ 전했어요/ 모든 사람에게/

6. They/ praised/ God/ all the way back/ to their fields.

그들은/ 찬양했어요/ 하나님을/

물음에 답하세요.

You can tell everyone about Jesus' birth too!
여러분도 모든 사람에게 예수님의 탄생에 대해 전할 수 있어요!

03-4(12)

Let's Pray!

Wonderful God, You sent Jesus to be our Savior and friend. On the night he was born, there were the shepherds who thanked God for Jesus' birth. Let us celebrate Jesus' birth and tell our friends about the good news. In the name of Jesus Christ, we pray. Amen.

기도드려요!

놀라우신 하나님, 하나님께서 예수님을 보내셔서 우리의 구원자와 친구가 되게 하셨지요. 예수님께서 태어나신 그 밤에, 목자들이 찾아와 예수님이 태어나심을 하나님께 감사드렸지요. 우리가 예수님의 나심을 축하하고 우리의 친구들에게 좋은 소식을 전하게 해 주세요. 예수님의 이름으로 기도합니다. 아멘.

Say, Say
말해, 말해

Chris Tomlin, Christy Nockels
& Kristian Stanfill
번역자 SeungJoo Lee

Some Wise Men Worship Baby Jesus

몇 명의 동방박사들이 아기 예수님을 경배하다

Some wise men followed a special star in the sky.
It led them to the house where the little boy Jesus lived.
The wise men gave gifts to Jesus.
They got down on their knees to worship him.
They knew he was going to be a great king.

Matthew 2

오디오를 듣고 영어로 써 보세요. 04-1(13)

힘들면 우리말로 써도 괜찮습니다.

낱말아, 너 무슨 뜻이니? 04-2(14)

1. Matthew : 마태복음
2. Some wise men : 몇 명의 박사들
   Some 형용사 : 몇 명의
   a wise man : 한 명의 박사
3. a special star : 하나의 특별한 별
   special 형용사 : 특별한
4. in the sky : 하늘에 있는
5. led : 인도했다
   lead([선두에 서서, 남을] 인도하다)-led-led
6. the little boy Jesus : 그 어린 소년 예수님
7. lived : 살았다
   live(살다)-lived-lived
8. The wise men : 그 동방박사들
9. gifts : 선물들
   a gift : 하나의 선물
10. got down on their knees : 무릎을 꿇었다
    get down 자동사 : 꿇다, 굽히다
    a knee : 한쪽 무릎
11. to worship to부정사의 부사적 용법 (목적)
    : 경배하기 위해서
    worship(~을 경배하다)-worshiped-worshiped
12. was going to : ~할 것이다
    is going to의 과거형
13. a great king : 한 위대한 왕
    great 형용사 : 위대한
14. can give : 줄 수 있다
15. love : ____________________

문장 안에 있는 낱말의 역할을 관찰해요. 04-3(15)

1. Some wise men/ followed/ a special star/ in the sky.

   / 하나의 특별한 별을/ 하늘에 있는

2. It/ led/ them/ to the house/ where the little boy Jesus/ lived

   그것이/ 인도했어요/ 그들을/ 그 집으로/

3. The wise men/ gave/ gifts/ to Jesus.

4. They/ got down on their knees/ to worship/ him.

   / 경배하기 위해서/ 그를

5. They/ knew/ he/ was going to be/ a great king.

   그들은/ 알았어요/

물음에 답하세요.

You can give Jesus a gift too. Tell him you love him!

여러분도 예수님께 하나의 선물을 드릴 수 있어요. 여러분이 예수님을 사랑한다고 예수님께 말씀드리세요.

04-4(16)

Let's Pray!

Almighty God, we love you and thank you for Jesus. From the very early days of Jesus' birth, there were those who welcomed him. We also want to welcome Jesus with all of our heart. Let us be the gift for Jesus who also has been the gift from You for us. In the name of our Lord Jesus Christ, we pray. Amen.

기도드려요!

전능하신 하나님, 하나님을 사랑해요. 그리고 예수님 때문에 감사드려요. 예수님이 태어나셨을 때, 예수님을 반가이 맞이한 사람들이 있었지요. 우리도 우리의 마음을 다하여 예수님을 환영할래요. 예수님께서 우리에게 하나님께로부터 온 선물이 되어 주신 것처럼 우리도 예수님을 위한 선물이 되게 해 주세요. 우리 주 예수 그리스도의 이름으로 기도드립니다. 아멘.

Worship You Forever
나는 주를 예배해요

TODD FIELDS
번역자 SeungJoo Lee

Unit 5

Jesus' Family Leave for Egypt

예수님의 가족이 이집트로 떠나다

An angel told Joseph that Jesus wasn't safe in Bethlehem.
Egypt was a safe place for Jesus.
So Joseph, Mary, and Jesus left for Egypt while it was still dark.
Joseph was glad that he could take good care of God's Son.

Matthew 2

오디오를 듣고 영어로 써 보세요. 05-1(17)

힘들면 우리말로 써도 괜찮습니다.

낱말아, 너 무슨 뜻이니? 05-2(18)

1. told : ____________________
   tell-told-told
2. wasn't : 이지 않았다(= was not)
   isn't : 이지 않다(= is not)
3. safe 형용사 : 안전한
   safe(안전한)-safer(더 안전한)-safest (가장 안전한)
4. in Bethlehem : 베들레헴에서
   in 전치사 (장소·위치) : ~에
5. was be동사 3인칭 단수 과거형
   : ____________________
6. a safe place : 한 안전한 곳
7. for Jesus : 예수님을 위해서
   for 전치사 (이익) : ~을 위해서
8. left for : ~로 떠났다
   leave(떠나다)-left-left
   leaves 3인칭 단수 현재형 : 떠나다
   for 전치사 (방향·목적지) : ~을 향하여
9. while 접속사 : ~하는 동안에
10. still 부사 : 아직
11. dark 형용사 : 어두운
    dark-darker(더 어두운)-darkest(가장 어두운)
12. glad 형용사 : 기쁜
    glad-gladder(더 기쁜)-gladdest(가장 기쁜)
13. could take good care of : ~을 잘 돌볼 수 있다
    can take good care of의 과거형
    take care of : ~을 돌보다
    good 부사 : 잘

문장 안에 있는 낱말의 역할을 관찰해요. 05-3(19)

1. An angel/ told/ Joseph/ **that** Jesus/ wasn't/ safe/ in Bethlehem.

   / 예수님이/ 이지 않다**고**/

   안전한/ 베들레헴에서

2. Egypt/ was/ a safe place/ for Jesus.

3. **So** Joseph**,** Mary**,** **and** Jesus/ left/ for Egypt/ **while** it/ was/ still/ dark.

   그래서

   / 일 **때**/ 아직/ 어두운

4. Joseph/ was/ glad/ **that** he/ could take good care of/ God's Son.

   / 그가/ 잘 돌볼 수 있다는 **것이**/

   하나님의 아들을

묻음에 답하세요.

Who takes care of you?
누가 여러분을 돌보나요?

05-4(20)

Let's Pray!

Trustworthy God, we feel safe because of You. No one can always protect us, but You do. Please help our parents to take good care of us as Joseph and Mary did for baby Jesus. In the name of Jesus, we pray. Amen.

기도드려요!

신실하신 하나님, 우리는 하나님 때문에 안전함을 느껴요. 누구도 우리를 항상 보호할 수 없지만 하나님께서는 하시지요. 부모님들이 요셉과 마리아가 아기 예수님을 잘 돌본 것처럼 우리를 잘 돌보게 해 주세요. 예수님의 이름으로 기도드립니다. 아멘.

Give It Away
주 사랑 나눠야지

Jay Stocker
번역자 SeungJoo Lee

Unit 6

Twelve-year-old Jesus

12살 예수님

Jesus went to the temple with his family when he was twelve.
The teachers were surprised at how much Jesus knew about God.
They didn't know that Jesus was God's Son.
No wonder he knew so much about God!

Luke 2

오디오를 듣고 영어로 써 보세요. 06-1(21)

힘들면 우리말로 써도 괜찮습니다.

낱말아, 너 무슨 뜻이니? 06-2(22)

1. to the temple : 성전에
2. with his family : 그의 가족과 함께
   with 전치사 (동반) : ~과 함께
3. when 접속사 : ~인 때
4. twelve 형용사 : 12살의
5. The teachers : 그 선생님들
6. at 전치사 (원인·이유·근원) : ~ 때문에
   were surprised at : ~에 놀랐다
7. how much : 얼마나
8. knew : ________________
9. about 전치사 : ~에 대해서
10. didn't know : 알지 못했다
    didn't : ~하지 않았다(= did not)
11. No wonder (that) : ~은 조금도 놀랍지 않다
12. so much 대명사 : 그렇게 많은 것
13. Where 의문 부사 : 어디에서
14. can learn : 배울 수 있다
    can 조동사 (가능) : ~할 수 있다
15. more 명사 : ________________
    much[(셀 수 없는 명사) 다수, 많음]
    -more-most
    many[(셀 수 있는 명사, 복수 취급) 다수]
    -more-most

문장 안에 있는 낱말의 역할을 관찰해요. 06-3(23)

1. Jesus/ went/ to the temple/ with his family/ when he/ was/ twelve.

   / 그의 가족과 함께/ 그가/ 이었을 때/ 12살

2. The teachers/ were/ surprised/ at how much/ Jesus/ knew /about God.

   / 얼마나/ 예수님께서/ 알고 있는 것에/ 하나님에 대해서

3. They/ didn't know/ that Jesus/ was/ God's Son.

   / 예수님이/ 이라는 것을/ 하나님의 아들

4. No wonder/ he/ knew/ so much/ about God!

   조금도 놀랍지 않아요/ 그가/ 알았다는 것이/ 그렇게 많이/

물음에 답하세요.

Where can you learn more about God?
여러분은 어디에서 하나님에 대해 더 많이 배울 수 있나요?

06-4(24)

Let's Pray!

God of wisdom, we believe that all good wisdom comes from You. Twelve-year-old Jesus showed how brilliant he was to the teachers at the temple. Make us wise as Jesus so that we can know more about God. In our savior Jesus' name, we pray. Amen.

기도드려요!

지혜의 하나님, 모든 좋은 지혜가 하나님께로부터 오는 것을 믿어요. 12살 예수님께서는 성전에서 교사들에게 그가 얼마나 총명한지를 보여 주셨지요. 우리도 예수님처럼 지혜롭게 하셔서 하나님을 더 잘 알게 해 주세요. 우리 구주 예수님의 이름으로 기도합니다. 아멘.

Counting on God

주님 의지해

JARED ANDERSON
번역자 SeungJoo Lee

Up-tempo Rock

Unit 7

John Baptizes Jesus

세례 요한이 예수님께 세례를 베풀다

John the Baptist was Jesus' cousin.

When Jesus grew up, he asked John to baptize him in the Jordan River.

Then the Holy Spirit came down from heaven as a beautiful dove.

And God said to Jesus, "You are my dear Son. I am very pleased with you."

Luke 3

오디오를 듣고 영어로 써 보세요. 07-1(25)

힘들면 우리말로 써도 괜찮습니다.

낱말아, 너 무슨 뜻이니? 07-2(26)

1. John : 세례 요한(= John the Baptist)
2. Jesus' cousin : 예수님의 사촌
   Jesus+'s(~의) = Jesus' : 예수님의
   a cousin : 한 명의 사촌
3. When 접속사 : ________________
4. grew up : 어른이 되었다
   grow up : 어른이 되다
5. to baptize to부정사의 명사적 용법 (목적격 보어) : 세례를 줄 것
   baptize[(남에게) 세례를 베풀다]-baptized-baptized
6. in the Jordan River : 요단강에서
   in 전치사 (장소·위치) : ~에
7. the Holy Spirit : 성령
8. came down : 내려왔다
9. from heaven : 하늘에서
   from 전치사 (운동·장소의 기점) : ~에서
10. as a beautiful dove : 한 마리의 아름다운 비둘기처럼
    as 전치사 : ~처럼
    a dove : 한 마리의 비둘기
    beautiful 형용사 : 아름다운
11. to Jesus : ________________
12. my dear Son : 나의 사랑하는 아들
    *하나님의 아들이라서 son이라고 하지 않고 대문자를 써서 Son이라고 함
    dear 형용사 : 사랑하는
13. am very pleased 수동태 : 아주 기뻐하게 되었다
    please(~을 기쁘게 하다)-pleased-pleased
14. with you : 너 때문에
    with 전치사 (이유) : ~ 때문에

문장 안에 있는 낱말의 역할을 관찰해요. 07-3(27)

1. John the Baptist/ was/ Jesus' cousin.

   세례 요한은/ 이었어요/

2. **When** Jesus/ grew up,/ he/ asked/ John/ to baptize/ him/ in the Jordan River.

   / 그는/ 부탁했어요/ 요한에게/ 세례를 줄 것을/ 그에게/ 요단강에서

3. Then/ the Holy Spirit/ came down/ from heaven/ as a beautiful dove.

   그때에/ 성령이/ 내려오셨어요/ 하늘에서/

4. **And** God/ said/ to Jesus,/ "You/ are/ my dear Son./ I/ am/ very pleased/ with you."

   그리고 하나님께서/ 말씀하셨어요/ 예수님께/ "너는/ 이다/ 나의 사랑하는 아들/

물음에 답하세요.

What did God tell Jesus?
하나님께서는 예수님께 무슨 말씀을 하셨나요?

07-4(28)

Let's Pray!

Dear God, how wonderful it was for us to imagine the moment our Jesus got baptized by John. John the Baptist was lucky to baptize Jesus the Son of God whom God loves so much. Let us be baptized with water and with the Holy Spirit so that we can live in God's love forever. We pray in Jesus' name. Amen.

기도드려요!

사랑하는 하나님, 예수님께서 요한에게 세례 받으시는 모습을 떠올리니 참 멋져요. 세례 요한은 하나님이 사랑하시는 아들 예수님께 세례를 베풀 수 있었으니 좋았겠지요. 우리도 물과 성령으로 세례를 받아서 영원히 하나님의 사랑 안에서 살게 해 주세요. 예수님의 이름으로 기도합니다. 아멘.

Awesome God

주는 놀라워

RICH MULLINS
번역자 SeungJoo Lee

Steadily

The Twelve Disciples

12제자들

Unit 8

Jesus chose twelve men to be his disciples.
They went with him everywhere.
They saw him do many miracles, like making blind people see.
He taught them about God. And he told them about heaven, where he lived before he came to earth. He was their friend.
You can be Jesus' friend too.

John 1

오디오를 듣고 영어로 써 보세요. 08-1(29)

힘들면 우리말로 써도 괜찮습니다.

낱말아, 너 무슨 뜻이니? 08-2(30)

1. John : ____________________
2. The twelve disciples : 12제자들
3. chose : 선택했다
4. to be to부정사의 부사적 용법 : 되도록
5. with him : 그와 함께
6. many : ______________
7. miracles : 기적들
   a miracle : 하나의 기적
8. like 전치사 : ~과 같은
9. making 동명사 : 하게 하기
   make 사역동사 : [남]을 [~의 상태]로 하다
10. blind people : 눈먼 사람들, 맹인들
    blind 형용사 : 눈이 먼
11. taught : 가르쳤다
    teach(가르치다)-taught-taught
12. about God : 하나님에 대해서
13. where 관계부사 (비제한적 용법) : 그리고 그곳에서
14. before 접속사 : ~하기 전에
15. to earth : 이 세상으로
16. Jesus' friend : __________________
17. too : ~도 역시
18. Would you like to : 여러분은 ~하고 싶은가요?

문장 안에 있는 낱말의 역할을 관찰해요. 08-3(31)

1. Jesus/ chose/ twelve men/ to be his disciples.
   / 그의 제자들이 되도록
2. They/ went/ with him/ everywhere.
   그들은/ 갔어요/ 그와 함께/
3. They/ saw/ him/ do/ many miracles,/ like making/ blind people/ see.
   / 하는 것과 같은/ 눈먼 사람들이/ 보게
4. He/ taught/ them/ about God.
   그는/ 가르쳤어요/ 그들에게/
5. **And** he/ told/ them/ about heaven,/ **where** he/ lived/ **before** he/ came/ to earth.
   그리고 / 그가/ 살았**던**/ 그가/
   오시기 **전에**/ 이 세상으로
6. He/ was/ their friend.
7. You/ can be/ Jesus' friend/ too.

물음에 답하세요.

Would you like to be Jesus' friend?
여러분은 예수님의 친구가 되고 싶은가요?

08-4(32)

Let's Pray!

Dear God, we are so happy when we think of Jesus. Once Jesus started his ministry, he chose twelve disciples. They were lucky to see Jesus doing many miracles. And we believe that we can do miracles too in Jesus' name because God gives us the power to do it. Help us be good disciples and friends of Jesus. In the name of Jesus, we pray. Amen.

기도드려요!

사랑하는 하나님, 우리는 예수님을 생각할 때 정말로 행복해요. 예수님께서 사역을 시작하신 후에, 예수님께서 열두 제자들을 택하셨지요. 그 제자들은 운 좋게도 예수님의 수많은 기적들을 보았어요. 우리도 하나님께서 능력을 주시기 때문에 예수 이름으로 기적을 행할 수 있는 것을 믿어요. 우리가 예수님의 좋은 제자, 좋은 친구가 되게 해 주세요. 예수님의 이름으로 기도합니다. 아멘.

Today Is The Day

오늘은 그날

LINCOLN BREWSTER & PAUL BALOCHE
번역자 SeungJoo Lee

Driving rock ♩= 120

Unit 9

The Fishermen Follows Jesus

어부들이 예수님을 따르다

Jesus got into a boat with some fishermen.
They had been fishing all night without catching anything.
Jesus told them to try again.
The men listened to Jesus, and they caught more fish than their nets could hold!
The fishermen were very surprised. They decided to follow Jesus.

Luke 5

오디오를 듣고 영어로 써 보세요. 09-1(33)

힘들면 우리말로 써도 괜찮습니다.

낱말아, 너 무슨 뜻이니? 09-2(34)

1. got into : ~에 탔다
   get-got-got
2. a boat : ________________
3. with 전치사 (소유·부속) : ~이 있는
4. some fishermen : 몇 명의 어부들
   some 형용사 : 몇 명의
   a fisherman : 한 어부
5. had been fishing 과거 진행형 : 물고기를 잡고 있었다
   fish 타동사 : 물고기를 잡다
6. all night : 밤새도록
7. without 전치사 (-ing 형을 데리고) : ~하지 않고
8. catching 동명사 : [그물로] ~을 잡다
9. anything 대명사 (부정문에서) : 아무것도
10. to try to부정사의 명사적 용법 (목적격 보어) : 시도할 것
11. again 부사 : 다시
12. listened to : ~을 따랐다
    listen to : [충고·요구에] 따르다, 귀를 기울이다
13. fish 명사 : ________________
14. than 접속사 (형용사·부사의 비교급 뒤에서) : ~보다
15. nets 명사 복수형 : 그물들
    a net : 하나의 그물
16. hold 타동사 : ~을 담다, 수용하다
17. decided 타동사 : 결심했다
    decide : ~을 결심하다
18. to follow to 부정사의 명사적 용법 (목적어) : 따르기

문장 안에 있는 낱말의 역할을 관찰해요. 09-3(35)

1. Jesus/ got into/ a boat/ with some fishermen.

   ……………… / 몇 명의 어부들이 있는

2. They/ had been fishing/ all night/ without catching/ anything.

   ……………… / 밤새도록/ 잡지 못하고/ 아무것도

3. Jesus/ told/ them/ to try/ again.

   예수님은/ 말씀했어요/ 그들에게/ ………………

4. The men/ listened to/ Jesus,/ **and** they/ caught/ more fish/ **than** their nets/ could hold!

   ……………… / **그래서** 그들은/ 잡았어요/

   더 많은 물고기를/ 그들의 그물이/ 담을 수 있는 **것보다**

5. The fishermen/ were/ very/ surprised.

   그 어부들은/ 이었어요/ ………………

6. They/ decided/ to follow/ Jesus.

   ………………

물음에 답하세요.

Why did the fishermen follow Jesus?
왜 그 어부들은 예수님을 따라갔나요?

09-4(36)

Let's Pray!

Almighty God, You are the one who makes us do great things. Jesus met some fishermen and let them follow him after being with them for such a short time. They followed Jesus because they knew that Jesus did wonderful things by the power of God. O, God let us follow Jesus in order for us to overcome the hardships and the evil in the world. We pray in Jesus' name. Amen.

기도드려요!

전능하신 하나님, 우리가 위대한 일들을 행할 수 있게 하시는 분은 하나님이시지요. 예수님께서 어부 몇 사람을 만나시고 그를 따르게 하셨지요. 아주 짧은 시간 동안 만나셨는데도 말이지요. 그 어부들은 예수님께서 하나님의 능력 안에서 놀라운 일들을 행하시는 것을 알았기 때문에 예수님을 따랐지요. 오, 하나님, 우리가 예수님을 따르게 해 주셔서 이 세상의 고난과 악을 견디고 이기게 해 주세요. 예수님의 이름으로 기도합니다. 아멘.

SING A SONG

Trust in The Lord
주님을 신뢰해요

AMY SANDSTROM-SHROYER
번역자 SeungJoo Lee

Flowing

Unit 10

Four Friends of a Paralyzed Man

중풍병자의 네 친구들

Jesus was teaching a large crowd.

Four men wanted Jesus to help a friend who couldn't walk.

So they lowered him through the roof.

They set him down in front of Jesus.

First Jesus forgave the man's sins.

Then he told the man to get up and walk, and he did!

Everyone thanked God!

Luke 5

오디오를 듣고 영어로 써 보세요. 10-1(37)

힘들면 우리말로 써도 괜찮습니다.

낱말아, 너 무슨 뜻이니? 10-2(38)

1. Four friends : 네 명의 친구들
2. A paralyzed man : 한 중풍병자
3. was teaching 과거 진행형 : 가르치고 있었다
   teach 타동사 : ~을 가르치다
4. a large crowd : 많은 사람들
5. Four men : 네 사람
6. couldn't walk : 걸을 수 없는
   can't walk의 과거형
7. lowered : 내렸다
   lower 타동사 : ~을 내리다
8. through 전치사 : ~을 통해
9. the roof : 지붕
10. set down : (승객)을 내리다
    set him down : 그를 내려놓다
11. in front of : ~의 앞에
12. forgave : 용서했다
    forgive(~를 용서하다)-forgave-forgiven
13. the man's sins : 그 사람의 죄들
14. to get up and walk to부정사의 명사적 용법 (목적격 보어) : 일어나서 걸어가기
15. Everyone 대명사 : ____________________
16. thanked : ____________________
    thank(~에게 감사하다)-thanked-thanked

문장 안에 있는 낱말의 역할을 관찰해요. 10-3(39)

1. Jesus/ was teaching/ a large crowd.

   / 많은 사람들을

2. Four men/ wanted/ Jesus/ to help/ a friend/ **who** couldn't walk.

   / 예수님께서/ 도와주실 것을/ 한 친구를/ 걸을 수 없**는**

3. **So** they/ lowered/ him/ through the roof.

   그래서 그들은/ 내렸어요/ 그를/

4. They/ set him down/ in front of Jesus.

   그들은/ 그를 내려놓았어요/

5. First/ Jesus/ forgave/ the man's sins.

   먼저/ 예수님께서는/

6. Then/ he/ told/ the man/ to get up **and** walk,/ **and** he/ did!

   그 뒤에/ 그는/ 말씀했어요/ 그 사람에게/

   / **그러자** 그가/ 일어나서 걸었어요

7. Everyone/ thanked/ God!

물음에 답하세요.

What did Jesus do for the man who couldn't walk?
예수님께서는 걷지 못하는 사람을 위해서 무엇을 하셨나요?

10-4(40)

Let's Pray!

Gracious God, we love You because You loved us first. There was a paralyzed man. He couldn't walk, and it made his friends concerned. So they decided to take him to Jesus so that Jesus could heal him. It was a beautiful faith that they had. Let us know that every single miracle starts from our faithful obedience to You, God. Make us trust and obey You. In the name of Jesus, we pray. Amen.

기도드려요!

인자하신 하나님, 하나님께서 먼저 우리를 사랑해 주셨기 때문에 우리는 하나님을 사랑해요. 중풍 병에 걸린 한 사람이 있었어요. 그는 걸을 수가 없었는데 그의 친구들이 그것 때문에 걱정했어요. 그래서 친구들은 그를 예수님께 데려와서 치료받게 하려고 했지요. 그 친구들의 믿음이 아름다워요. 모든 기적은 우리의 신실한 순종에서 시작되는 것을 알게 해 주세요. 우리가 하나님을 신뢰하고 순종하게 해 주세요. 예수님의 이름으로 기도합니다. 아멘.

Stand Together
모두 함께해요

Jay Stocker
번역자 SeungJoo Lee

♩= 135

Unit 11

Jesus Heals the Roman Soldier's Servant

예수님께서 로마 백부장의 하인을 치료하시다

A Roman soldier asked Jesus to heal his servant, who was very sick.
Jesus said he would come to the soldier's house.
But the soldier believed that Jesus could stay where he was and just say "Be healed."
So Jesus did.
And the servant got well as soon as Jesus said this!

Matthew 8

오디오를 듣고 영어로 써 보세요. 11-1(41)

힘들면 우리말로 써도 괜찮습니다.

낱말아, 너 무슨 뜻이니? 11-2(42)

1. Matthew : ____________________
2. heals 3인칭 단수 현재형 : 고치다
   heal([병·상처]를 고치다)-healed-healed
3. The Roman soldier's servant : 그 로마 군인(백부장)의 하인
4. A Roman soldier : 한 로마 군인
   *성경에서는 백부장, 즉 백 명의 병사의 대장
5. asked : 부탁했다
6. who 관계대명사 (비제한적 용법) : 그리고 그 사람은
7. would come : 갈 것이다*
   will come의 과거형
8. to the soldier's house : 그 군인의 집으로
9. just 부사 : 그냥, 단지
10. Be healed 수동태 명령형 : 나으라
11. So : ________________
12. got well : 병이 나았다
    get well : 병이 낫다
13. as soon as : ~하자마자

* 시제 일치는 두 개 이상의 문장이 연결된 복문에서 주절의 시제가 현재, 미래, 미래 완료일 때는 종속절에 모든 시제가 올 수 있고 주절의 시제가 과거일 때는 종속절의 시제를 과거나 과거 완료로 써야 한다. 그러나 시제 일치의 예외도 있다. 종속절에 오는 내용이 불변의 진리, 역사적인 사실, 가정법 과거나 과거 완료, 조동사 등이 올 때 주절이 과거라도 영향 받지 않는다.

문장 안에 있는 낱말의 역할을 관찰해요. 11-3(43)

1. A Roman soldier/ asked/ Jesus/ to heal/ his servant,/ who was/ very sick.

한 로마 군인이/ 부탁드렸어요/ .... / 그리고 그는 이었어요/ 매우 아픈

2. Jesus/ said/ he/ would come/ to the soldier's house.

예수님께서/ 말씀하셨어요/ ....

3. But the soldier/ believed/ that Jesus/ could stay/ where he/ was/ and just say/ "Be healed."

그러나 그 군인은/ 믿었어요/ 예수님께서/ 머무실 수 있고/ 그가/ 있는 곳에/ 그리고 그냥 말씀하실 수 있다고/

4. So Jesus/ did.

....

5. And the servant/ got well/ as soon as Jesus/ said/ this!

그러자 .... / 예수님께서/ 말씀하시자마자/ 이것을

물음에 답하세요.

What did the soldier believe Jesus could do?

백부장은 예수님께서 무슨 일을 하실 수 있다고 믿었나요?

11-4(44)

Let's Pray!

Almighty God, You are so good to us. You listen to our prayer and make it happen. When a Roman soldier asked Jesus to heal his servant, he believed that Jesus could heal him with just words. His faith was so great. Give us strong faith to be confident, facing any problems. In Jesus' name, we pray. Amen.

기도드려요!

전능하신 하나님, 하나님은 참 좋으신 분이세요. 하나님께서 우리의 기도를 들으시고 응답하시지요. 백부장이 자기의 하인을 고쳐 주실 것을 예수님께 부탁드릴 때, 그는 예수님께서 말씀으로만 하셔도 된다고 믿었어요. 그 백부장의 믿음이 참 대단해요. 우리에게도 어떤 문제 앞에서든 자신만만하게 될 수 있는 강한 믿음을 주세요. 예수님의 이름으로 기도합니다. 아멘.

Our God

우리 하나님

Jesse Reeves, Chris Tomlin,
Matt Redman and Jonas Myrin
번역자 SeungJoo Lee

Moderately ♩ = 105

Jesus Heals the Little Girl

예수님께서 어린 소녀를 치료하시다

The father of a very sick little girl begged Jesus to make his daughter well again.

On the way to her house, Jesus heard that the little girl had died.

Jesus went to her house anyway. He said, "Get up, my child!"

The little girl stood up. She was alive and well again!

Luke 8

오디오를 듣고 영어로 써 보세요. 12-1(45)

힘들면 우리말로 써도 괜찮습니다.

낱말아, 너 무슨 뜻이니? 12-2(46)

1. Heals 동사 : ________________
2. The sick little girl : 그 아픈 어린 소녀
   little : 어린
   a girl : 어떤 소녀, 한 소녀, 한 명의 소녀
3. The father of a very sick little girl : 매우 아픈 어린 소녀의 아버지
   The father : 그 아버지
   of 전치사 (소유격) : ~의
   sick 형용사 : 병들어 아픈
4. begged : 간청했다
   beg(간청하다)-begged-begged
5. to make to부정사의 명사적 용법 (목적격 보어) : 되게 하다
6. his daughter : 그의 딸
7. well 형용사 : 건강한
8. again 부사 : ________________
9. On the way to her house : 그녀의 집으로 가는 중에
   the way : 길
10. heard : 들었다
    hear(~을 듣다)-heard-heard
11. died : 죽었다
    die(죽다)-died-died
12. anyway 부사 : 어쨌든
13. Get up 명령형 : 일어나라
    get up : 일어나다
14. my child : 나의 아이
    children : 아이들
15. stood up : 일어섰다
    stand up : 일어서다
16. alive and well : 살아서 건강한

문장 안에 있는 낱말의 역할을 관찰해요. 12-3(47)

1. The father of a very sick little girl/ begged/ Jesus/ to make/ his daughter/ well/ again.

   매우 아픈 어린 소녀의 아버지가/ 간청했어요/ 예수님께/

2. On the way to her house,/ Jesus/ heard/ that the little girl/ had died.

   그녀의 집으로 가는 중에/ 예수님께서/ 들으셨어요/

3. Jesus/ went/ to her house/ anyway.

4. He/ said,/ "Get up, my child!"

   그가/ 말씀하셨어요/

5. The little girl/ stood up.

6. She/ was/ alive and well/ again!

   그녀는/ 이었어요/

물음에 답하세요.

What did Jesus do for a little girl who died?

예수님께서는 죽은 어린 소녀를 위해 무엇을 하셨나요?

12-4(48)

Let's Pray!

Reliable God, we thank You for Jesus, who did Your will. The sick little girl was alive and well again because of Jesus. There are many things that makes us think we have no hope for us in the world. However, Jesus brought us hope from God. Help us be close to Jesus and live in the hope You give us. In the name of our savior Jesus, we pray. Amen.

기도드려요!

미쁘신 하나님, 예수님 때문에 감사합니다. 예수님은 하나님의 뜻대로 일하셨지요. 병들어 아픈 어린 소녀가 예수님 덕분에 살아서 다시 건강해졌지요. 세상에는 우리에게 희망이 없다고 생각하게 하는 일들이 참 많아요. 그러나 예수님께서 하나님께로부터 희망을 가져오셨지요. 우리가 예수님과 가까워지고 하나님께서 주시는 희망 속에 살게 해 주세요. 우리의 구원자 예수님의 이름으로 기도합니다. 아멘.

Pray about Everything

모든 일을 위해 기도해

Rob Biagi
번역자 SeungJoo Lee

Unit 13

Jesus Heals a Blind Man at Bethsaida

예수님께서 벳새다에서 눈먼 남자를 치료하시다

This man was blind.
He couldn't see anything.
His friends brought him to Jesus.
They asked Jesus to touch the man and heal him.
Jesus put his hands on the man's eyes.
Suddenly he could see everything clearly!

Mark 8

오디오를 듣고 영어로 써 보세요. 13-1(49)

힘들면 우리말로 써도 괜찮습니다.

낱말아, 너 무슨 뜻이니? 13-2(50)

1. Mark : 마가복음
2. A blind man : 한 눈먼 남자
   blind 형용사 : 눈이 먼, 맹인의
   a man : 한 명의 남자
3. at Bethsaida : 벳새다에서
4. anything 대명사 (부정문에서) : 아무것도
5. brought : 데려왔다
   bring([사람]을 데려오다)-brought-brought
6. to Jesus : ________________
7. to touch to부정사의 명사적 용법 (목적격 보어) : 만지기
   touch(손으로 만지다)-touched-touched
8. the man : ________________
9. heal : 고치다
   * 여기서는 to heal인데 and 접속사 때문에 to가 생략됨
   to heal to부정사의 명사적 용법 (목적격 보어) : 고치기
10. put : 얹었다
    put(~을 얹다)-put-put
11. his hands : ________________
12. on the man's eyes : 그 남자의 눈들 위에
    an eye : 한쪽 눈
    on 전치사 (접촉) : ~위에
13. Suddenly 부사 : 갑자기
14. clearly 부사 : 분명하게

문장 안에 있는 낱말의 역할을 관찰해요. 13-3(51)

1. This man/ was/ blind.

2. He/ couldn't see/ anything.
그는/ 볼 수 없었어요/

3. His friends/ brought/ him/ to Jesus.
/ 그를/ 예수님께

4. They/ asked/ Jesus/ to touch/ the man/ **and** heal/ him.
그들은/ 부탁드렸어요/ 예수님께/

5. Jesus/ put/ his hands/ on the man's eyes.
/ 그 남자의 눈 위에

6. Suddenly/ he/ could see/ everything/ clearly!
갑자기/ / 모든 것을/ 분명하게

물음에 답하세요.

What did the blind man's friends do for him?
눈먼 사람의 친구들은 그를 위해서 무엇을 했나요?

13-4(52)

Let's Pray!

Merciful God, You always listen to those who cry out for Your help. There were great people who wanted their blind friend to be able to see. So they brought him to Jesus. Yes, Jesus touched his eyes and healed them. Let us be like the blind man's friends who brought their miserable friend to Jesus. Help us lead our friends to Jesus. In our lord Jesus Christ' name, we pray. Amen.

기도드려요!

자비로우신 하나님, 하나님께서는 언제나 도와달라고 외치는 사람들의 말을 들어주시지요. 자기들의 눈먼 친구가 볼 수 있게 되기를 원했던 멋진 사람들이 있었어요. 그래서 그들은 눈먼 남자를 예수님께 데려왔어요. 그래요. 예수님께서 그의 눈을 만지시고 치료해 주셨지요. 우리가 불쌍한 친구를 예수님께 데려온 그 눈먼 남자의 친구들같이 되게 해 주세요. 우리가 친구들을 예수님께로 인도하게 해 주세요. 우리 구주 예수 그리스도의 이름으로 기도합니다. 아멘.

SING A SONG

Holy Is The Lord

거룩하신 주

Chris Tomlin & Louie Giglio
번역자 SeungJoo Lee

Moderately

Unit 14

Jesus Tells the Storm To Be Quiet

예수님께서 폭풍에게 잠잠하라 말씀하시다

Look at the big waves!
The disciples' small boat was about to sink.
Jesus was quietly sleeping in the boat.
"Wake up!" his disciples yelled. They were afraid.
Jesus got up and told the storm to stop.
Then the waves became calm and quiet.
Jesus could do wonderful things like that.

Luke 8

오디오를 듣고 영어로 써 보세요. 14-1(53)

힘들면 우리말로 써도 괜찮습니다.

낱말아, 너 무슨 뜻이니? 14-2(54)

1. The storm : 그 폭풍
   a storm : 폭풍
2. To be quiet to부정사의 명사적 용법 (목적격 보어) : 잠잠하라고
3. Look at 명령형 : 보라
   look at+(명사) : (명사)를 보다
4. the big waves : 큰 파도들
5. The disciples' : 그 제자들의, 예수님의 제자들의
6. small boat : ________________
7. was about to sink : 막 가라앉으려고 하다
   be about to~ : 막 ~하려고 하다
   is-was-been : be동사의 3인칭 단수형
   sink(가라앉다)-sank/sunk-sunk
8. quietly : 조용히
9. was sleeping 과거 진행형 : 잠자고 있었다
   is sleeping 현재진행형 : 잠자고 있다
10. his disciples : ________________
11. yelled 자동사 : 큰 소리로 외쳤다
    yell(큰 소리로 날카롭게 외치다)-yelled- yelled
12. afraid 서술 형용사 : 두려워하는
13. got up 자동사 : 일어났다
    get up : 일어나다
14. to stop to부정사의 명사적 용법 (목적격 보어) : 그칠 것
    stop 자동사 : [비·눈 따위가] 그치다
15. Then 부사 : 그때
16. calm and quiet : 잔잔하고 고요한
17. wonderful 형용사 : 놀라운
18. like : ________________

문장 안에 있는 낱말의 역할을 관찰해요.

14-3(55)

1. Look at/ the big waves!

2. The disciples' small boat/ was about to sink.
제자들의 작은 배가/

3. Jesus/ was quietly sleeping/ in the boat.
/ 배 안에서

4. "Wake up!"/ his disciples/ yelled.
/ 그의 제자들이/ 큰 소리로 외쳤어요

5. They/ were/ afraid.

6. Jesus/ got up and told/ the storm/ to stop.
예수님께서/ 일어나셔서 명령하셨어요/

7. Then/ the waves/ became/ calm and quiet.
그때/ 파도가/ 되었어요/

8. Jesus/ could do/ wonderful things/ like that.
/ 그런 일 같은

물음에 답하세요.

What did Jesus tell the storm to do?
예수님께서는 폭풍에게 무엇이라고 명령하셨나요?

14-4(56)

Let's Pray!

Wonderful God, You empowered Jesus to do great miracles. Those miracles are so amazing. We know how Jesus did things like that. Jesus believed in God with all his heart. Jesus was so powerful that he could even make the storm calm and quiet. Give us the power to overcome the difficulties of our lives like the storms. We pray in Jesus' name. Amen.

기도드려요!

놀라우신 하나님, 하나님께서 예수님이 멋진 기적들을 행할 수 있게 하셨지요. 그 기적들이 참 대단해요. 우리는 예수님께서 어떻게 그렇게 하셨는지 알아요. 예수님은 그의 온 마음으로 하나님을 믿으셨지요. 예수님은 폭풍을 잔잔하고 고요하게 만드실 수 있을 정도로 능력이 있으셨지요. 우리에게도 폭풍과 같은 우리 삶의 어려움들을 이겨낼 힘을 주세요. 예수님의 이름으로 기도합니다. 아멘.

God Is Great
위대해

MARTY SAMPSON
번역자 SeungJoo Lee

Quickly

Unit 15

Jesus Feeds the Five Thousand

예수님께서 오천 명을 먹이시다

A big crowd of people followed Jesus.
When they got hungry there were no stores to buy food.
A boy gave his lunch of five pieces of bread and two fish to Jesus.
Then Jesus made the bread and fish become thousands of pieces.
Everybody had enough to eat.
There were even leftovers! John 6

오디오를 듣고 영어로 써 보세요. 15-1(57)

힘들면 우리말로 써도 괜찮습니다.

낱말아, 너 무슨 뜻이니? 15-2(58)

1. feeds : 먹이다
2. The five thousand : 오천 명
3. A big crowd of people : 많은 사람들
4. followed : 뒤따랐다
5. got 자동사 : 되었다
   get(~이 되다)-got-got
6. hungry 형용사 : 배고픈
7. no stores : 하나의 가게도 없는
   no 형용사 : 하나의 ~도 없는(=not a)
8. to buy to부정사의 형용사적 용법 : 살
   buy(~을 사다)-bought-bought
9. food 명사 : 먹을 것, 음식
10. A boy : ____________________
11. his lunch : 그의 점심
12. of 전치사 (동격 관계) : 즉 ~인
    his lunch of five pieces of bread and two fish : 그의 점심, 즉 빵 다섯 조각과 두 마리의 물고기
13. five pieces : 다섯 조각
    a piece : 한 조각
14. two fish : 두 마리의 물고기들
    a fish : 한 마리의 물고기
15. thousands of pieces : 수천 개의 조각들
16. Everybody 대명사 : ____________________
17. enough 명사 : 충분한 양
18. even 부사 : ~까지도
19. leftovers 명사 : 남은 음식들

문장 안에 있는 낱말의 역할을 관찰해요. 15-3(59)

1. A big crowd of people/ followed/ Jesus.
   / 뒤따랐어요/ 예수님을
2. When they/ got/ hungry/ there/ were/ no stores/ to buy/ food.
   그들이/ 되었을 때/ 배고픈/ 거기에는/ / 살/ 음식을
3. A boy/ gave/ his lunch/ of five pieces of bread and two fish/ to Jesus.
   / 즉 빵 다섯 조각과 물고기 두 마리를/ 예수님께
4. Then/ Jesus/ made/ the bread and fish/ become/ thousands of pieces.
   그때/ 예수님께서/ 하셨어요/ 그 빵과 물고기가/ 되게/
5. Everybody/ had/ enough/ to eat.
6. There/ were/ even leftovers!

물음에 답하세요.

The boy gave his lunch to Jesus. Can you think of something you can give Jesus?
그 소년은 그의 점심을 예수님께 드렸어요. 여러분이 예수님께 드릴 수 있는 것을 떠올려볼 수 있나요?

15-4(60)

Let's Pray!

Merciful God, we learned that Jesus fed the five thousand following him. As soon as Jesus noticed that the crowd was hungry, he had concern for them. And there was a boy who shared his lunch of five pieces of bread and two fish. Jesus and the boy had a common concern for others. With Jesus a boy could make others happy. We want to serve those in need too. We ask this in Jesus' name. Amen.

기도드려요!

자비하신 하나님, 예수님께서 그를 따르던 오천 명의 사람을 먹이신 것을 배웠어요. 예수님께서는 많은 사람들이 배고픈 것을 아시자마자 그들을 걱정하셨지요. 그리고 빵 다섯 조각과 물고기 두 마리를 나눈 소년이 있었어요. 예수님과 그 소년은 다른 사람들을 생각하는 공통점이 있네요. 예수님과 함께 소년이 다른 사람들을 행복하게 할 수가 있었어요. 우리도 도움이 필요한 사람들을 섬기게 해 주세요. 예수님의 이름으로 기도합니다. 아멘.

You Are Good

주는 선하시니

Brian Johnson & Jeremy Riddle
번역자 SeungJoo Lee

Unit 16

Jesus Teaches about Giving

예수님께서 헌금에 대해서 가르치시다

A woman whose husband died had only two pennies.
Instead of buying something to eat, she put them in the church collection box. She did this because she loved God.
Jesus said she gave more than the rich men who put in many dollars. She put in all she had.
But the rich men gave God only a tiny part of their money.

Luke 21

오디오를 듣고 영어로 써 보세요. 16-1(61)

힘들면 우리말로 써도 괜찮습니다.

낱말아, 너 무슨 뜻이니? 16-2(62)

1. teaches 자동사 : 가르치다
2. giving 동명사 : 드리기, 헌금
3. A woman : ________________
4. whose 관계대명사 소유격 : 그 ~이 ~하는
5. husband 명사 : 남편
6. only two pennies : 2페니만
   only 부사 : ~만, ~밖에 없는
   a penny : 1페니*
7. Instead of : ~대신에
8. buying 동명사 : 사기
9. put 타동사 : [어떤 장소에] ~을 넣다
10. in the church collection box : 교회 헌금함 안에
11. than 접속사 (형용사·부사의 비교급 뒤에서) : ~보다, ~에 비하여
12. the rich men : 부자들
13. many dollars : 많은 달러들 (여기서는 몇 만 원이라고 했음)
    a dollar : 1달러
14. all 대명사 : 모든 것
15. only a tiny part : 작은 부분만
    tiny 형용사 : 아주 작은, 조그마한
    a part : 한 부분
    parts : 부분들
16. their money : ________________

*penny는 우리나라 돈으로 14원, 2페니는 34원이지만 성경에서는 두 렙돈이라고 나오는데 두 렙돈은 우리나라 돈으로 1,600원 정도다.
*한 렙돈은 노동자 하루 품삯인 한 데나리온(약 10만 원)의 1/128정도(약 800원)였다.

문장 안에 있는 낱말의 역할을 관찰해요.

16-3(63)

1. A woman/ whose husband/ died/ had/ only two pennies.
   한 여자가/ 그녀의 남편이/ 죽은/ 가지고 있었어요/ (1,600원만)
2. Instead of buying/ something to eat,/ she/ put/ them/ in the church collection box.
   사는 것 대신에/ 먹을 것을/
3. She/ did/ this/ because she/ loved/ God.
   / 왜냐하면 그녀는/ 사랑했기 때문에/ 하나님을
4. Jesus/ said/ she/ gave/ more/ than the rich men/ who put in/ many dollars.
   예수님께서/ 말씀하셨어요/ / 그 부자들보다/ 넣은/ 많은 달러들을(몇 만원을)
5. She/ put in/ all/ she/ had.
   그녀는/ 넣었어요/ 모든 것을/
6. But the rich men/ gave/ God/ only/ a tiny part/ of their money.

물음에 답하세요.

What can you give God to show him you love him?
여러분은 하나님을 사랑하는 것을 보여 드리기 위해서 무엇을 하나님께 드릴 수 있나요?

16-4(64)

Let's Pray!

Dear God, You look at the heart of everyone. Jesus told his disciples that a widow gave God more than the rich men though she put in the smallest amount of money in the offering basket. Yes, God accepts our heart. Make us give You what is most important for us so that we fully serve You. In the name of Jesus, we pray.

기도드려요!

사랑하는 하나님, 하나님께서는 모든 사람의 중심을 보시지요. 예수님께서 그의 제자들에게 말씀하시기를 한 과부가 부자들보다 더 많은 것을 하나님께 드렸다고 하셨어요. 실제로는 헌금 바구니에 가장 적은 돈을 드렸는데 말이지요. 그래요, 하나님께서는 우리의 마음을 받으시지요. 우리가 우리에게 가장 중요한 것을 하나님께 드려서 온전히 하나님을 섬기게 해 주세요. 예수님의 이름으로 기도합니다. 아멘.

Better Than The Best Thing
최고 중에 최고

Levi Price & Chrystina L. Fincher
번역자 SeungJoo Lee

Unit 17

Jesus Blesses Little Children

예수님께서 어린아이들을 축복하시다

Some mothers brought their little children to Jesus.
They wanted him to touch and bless them.
Jesus' disciples told the mothers not to bother Jesus.
But Jesus loved children.
He called them to come to him.
Jesus said children can believe in him and love him even when they are little.

Luke 18

오디오를 듣고 영어로 써 보세요. 17-1(65)

힘들면 우리말로 써도 괜찮습니다.

낱말아, 너 무슨 뜻이니? 17-2(66)

1. blesses 타동사 3인칭 단수형 : 축복하다
   bless(~를 축복하다)-blessed-blessed
2. little Children : 어린아이들
   little 형용사 : 어린
   a child : 한 아이
3. Some mothers : 몇 명의 어머니들
   some 형용사 (복수 명사와 함께) : 조금, 몇몇의
4. brought 타동사 : 데려왔다
   bring(~를 데려오다)-brought-brought
5. to touch and (to) bless to부정사의 명사적 용법 (목적격 보어) : 손을 대고 축복하기
   touch : 손으로 만지다
6. them : ______________
7. Jesus' disciples : 예수님의 제자들
8. not to bother to부정사의 명사적 용법 (목적격 보어) : 귀찮게 하지 않기
9. to him : ____________
10. can believe in : 믿을 수 있다
    can 조동사 (능력) : ~할 수 있다
    believe in : ~의 존재를 믿다, [종교를] 신앙하다
11. even when : ~함에도 불구하고, ~한 때조차도

문장 안에 있는 낱말의 역할을 관찰해요. 17-3(67)

1. Some mothers/ brought/ their little children/ to Jesus.
   몇 명의 어머니들이/ 데려왔어요/
2. They/ wanted/ him/ to touch and bless/ them.
   그들은/ 원했어요/ 그가/
3. Jesus' disciples/ told/ the mothers/ not to bother/ Jesus.
   / 귀찮게 하지 말 것을/ 예수님을
4. But Jesus/ loved/ children.
   그러나
5. He/ called/ them/ to come/ to him.
   그는/ 부르셨어요/ 그들을/
6. Jesus/ said/ children/ can believe in/ him and love/ him/ even when they/ are/ little.
   예수님께서/ 말씀하셨어요/
   / 그들이/ 일 때조차/ 어린

물음에 답하세요.

Do you love Jesus?
여러분은 예수님을 사랑하나요?

17-4(68)

Let's Pray!

God of love, we believe that You love us no matter what. There were many mothers who wished Jesus to bless their children. The Children around Jesus might not look good because they were so little and might have been noisy. But Jesus loved them and blessed them. It's a very good thing to know that we can be close to Jesus and be his friends. Let us celebrate this Good News with others. In Jesus' name, we pray. Amen.

기도드려요!

사랑의 하나님, 하나님께서는 무슨 일이 있어도 우리를 사랑하시는 것을 믿어요. 예수님께서 자기의 아이들을 축복해 주시길 원했던 어머니들이 있었어요. 아마도 어린 아이들은 예수님 곁에서 너무 어리고 시끄러워서 보기 좋지 않았을지 몰라요. 그러나 예수님께서는 아이들을 사랑해 주시고 축복하셨지요. 우리가 예수님께 가까이 갈 수 있고 예수님의 친구가 될 수 있다는 것을 알게 되니 참 좋아요. 우리가 이 기쁜 소식을 다른 사람들과 함께 기뻐하게 해 주세요. 예수님의 이름으로 기도합니다. 아멘.

Jesus Loves Me
예수님이 날 사랑해

번역자 SeungJoo Lee

Unit 18

Parable of the Good Samaritan

선한 사마리아인의 비유

This man was hurt by men who stole his money.

They left him in the ditch half dead.

A man he didn't like saw him there.

This man put bandages on his cuts.

Then he put the man on his donkey and took him to town.

He took care of him.

We call the man who helped him the Good Samaritan.

Luke 10

오디오를 듣고 영어로 써 보세요. 18-1(69)

힘들면 우리말로 써도 괜찮습니다.

낱말아, 너 무슨 뜻이니? 18-2(70)

1. Parable 명사 : 비유
   예수님의 비유 - 예수님이 빗대어 들려주신 이야기
2. The good samaritan : 선한 사마리아인
3. was hurt 수동태 과거 : 상처를 입었다
   hurt(~를 다치게 하다)-hurt-hurt
4. by men : 남자들에 의해서
   by 전치사 (동작의 주체를 나타내어) : ~에 의해서
5. stole 타동사 과거 : 훔쳤다
   steal(~을 훔치다)-stole-stolen
6. his money : ________________
7. left 타동사 과거 : 내버려뒀다
   leave([어떤 상태로] ~을 내버려두다)-left-left
8. in the ditch : 도랑에
9. half dead : 반 죽은
10. didn't like : 좋아하지 않았다
    didn't : ~하지 않았다(= did not)
11. put bandages on 과거 : ~위에 붕대를 댔다
12. his cuts : 그의 상처들
    a cut : 하나의 상처
13. Then 부사 : 그러고는
14. put the man on : 그 남자를 ~위에 태웠다
15. his donkey : 그의 나귀
16. took 타동사 : 데려갔다
    take(~를 데려가다)-took-taken
17. to town : 마을로
18. someone 대명사 : 누군가

문장 안에 있는 낱말의 역할을 관찰해요. 18-3(71)

1. This man/ was hurt/ by men/ who stole/ his money.
   이 남자는/ 상처를 입었어요/ 남자들에 의해/
2. They/ left/ him/ in the ditch/ half dead.
   그들은/ 버려두었어요/ 그를/
3. A man/ he/ didn't like/ saw/ him/ there.
   / 보았어요/ 그를/ 거기에서
4. This man/ put bandages/ on his cuts.
   / 그의 상처들 위에
5. Then/ he/ put/ the man/ on his donkey/ and took/ him/ to town.
   그러고는/ 그는/ 태웠어요/ 그 남자를/ 그의 나귀 위에/ 그리고
6. He/ took care of/ him.
7. We/ call/ the man/ who helped/ him/ the Good Samaritan.
   우리는/ 불러요/ 그 남자를/ 도와준/ 그를/

물음에 답하세요.

How can you help someone like a Good Samaritan?
여러분은 어떻게 선한 사마리아인처럼 누군가를 도울 수 있나요?

18-4(72)

Let's Pray!

Loving God, we thank You for Your love. Jesus once told a parable of the Good Samaritan when someone asked him who is his neighbor. It was Jesus' lesson that one's neighbor is the one who helps her or him. Even though the man and his people didn't like Samaritan people, the Samaritan man helped the injured man because he was dying in the ditch. Help us be Good Samaritans to our neighbors. We pray this in Jesus' name. Amen.

기도드려요!

사랑의 하나님, 하나님의 사랑에 감사드려요. 한 사람이 누가 자기의 이웃인지를 물었을 때 예수님께서 선한 사마리아인의 비유를 말씀해 주셨지요. 어떤 사람의 이웃은 그를 도와주는 사람이라고 가르치셨어요. 그 남자와 그의 백성이 사마리아 사람들을 싫어했는데도, 사마리아 사람은 그 부상당한 남자를 도와줬어요. 그 남자가 도랑에서 죽어가고 있었기 때문이지요. 우리가 우리 이웃들에게 선한 사마리아인이 되게 해 주세요. 예수님의 이름으로 기도합니다. 아멘.

SING A SONG

The Golden Rule

중요해

Jay Stocker
번역자 SeungJoo Lee

Unit 19

Mary and Martha

마리아와 마르다

Jesus liked to visit two sisters, Mary and Martha.
Martha worked hard in the kitchen making dinner for Jesus.
Mary just wanted to talk with him and learn more about God.
Martha scolded Mary for not helping her.
But Jesus said Mary was doing the right thing by listening to him.
We listen to Jesus when we read the Bible.

Luke 10

오디오를 듣고 영어로 써 보세요. 19-1(73)

힘들면 우리말로 써도 괜찮습니다.

낱말아, 너 무슨 뜻이니? 19-2(74)

1. Mary : ___________
2. Martha : 마르다, 마리아의 언니
3. to visit to부정사의 명사적 용법 (목적어)
   : 방문하기
   visit([남·집]을 방문하다)-visited-visited
4. two sisters : 두 자매들
   sister : 여자형제, 자매
   brother : 남자형제, 형제
5. , : 동격의 콤마
   *동격 : 한 문장에서 어떤 단어나 구절이 다른 단어나 구절과 문장 구성에서 같은 기능을 가짐
6. hard 부사 : 열심히
7. in the kitchen : 부엌에서
8. dinner : 만찬, 하루 중에 가장 중요한 식사
   lunch : 점심, [시간에 관계없이 간단한] 경식사
   breakfast : 아침식사
9. for Jesus : ___________________
10. just 부사 : 단지
11. (to) learn 병렬구조에서 to가 생략됨 : 배우기
12. about God : ___________________
    about 전치사 : ~에 대하여
13. scolded 타동사 과거 : 꾸짖었다
    scold(꾸짖다, 잔소리를 하다)-scolded-scolded
14. not helping 동명사 부정 : 돕지 않기
15. was doing 과거 진행형 : 하고 있다
    is doing의 과거형
16. the right thing : 옳은 일
17. by listening to : 듣는 것으로
    by 전치사 (행위·수단·방법·원인) : ~으로
    listen to : ~을 듣다
18. read 타동사 현재 : 읽다
    read-read-read, 시제에 따른 동사의 변화 형태는 그대로, 읽기는 다르게 /ri:d -red-red/
19. the Bible : _____________

문장 안에 있는 낱말의 역할을 관찰해요.

19-3(75)

1. Jesus/ liked/ to visit/ two sisters,/ Mary **and** Martha.
   예수님께서는/ 좋아하셨어요/ 방문하기를/ 두 자매들/
2. Martha/ worked/ hard/ in the kitchen/ making/ dinner/ for Jesus.
   / 만드느라/ 만찬을/ 예수님을 위해
3. Mary/ just wanted/ to talk/ with him/ **and** learn/ more/ about God.
   마리아는/ 단지 원했어요/
4. Martha/ scolded/ Mary/ for not helping/ her.
   / 안 도와주는 것 때문에/ 그녀를
5. **But** Jesus/ said/ Mary/ was doing/ the right thing/ by listening to/ him.
   그러나 예수님이/ 말씀하셨어요/
   / 듣는 것으로/ 그를
6. We/ listen to/ Jesus/ **when** we read the Bible.
   우리는/ 들어요/ 예수님을/

물음에 답하세요.

How can you listen to Jesus?

여러분은 어떻게 예수님의 말씀을 들을 수 있나요?

19-4(76)

Let's Pray!

Dear God, we thank you for listening to our prayers. We often blame others if we do not like what they do. But there is something interesting that Jesus said about choice. Jesus visited Mary and Martha sometimes, and one day Martha was upset because her sister Mary had no interest in helping her. Jesus told Martha that Mary chose the right thing to do. Yes, each of us has our choice that should be respected. Help us understand serving and listening to Jesus is equally right. We ask this in Jesus' name. Amen.

기도드려요!

사랑하는 하나님, 우리의 기도를 들어 주셔서 감사합니다. 우리는 다른 사람들이 하는 행동이 마음에 안들 때 그들을 비난해요. 그런데 예수님께서 선택에 대해 아주 흥미로운 말씀을 하셨어요. 예수님께서는 마리아와 마르다를 가끔 방문하셨는데 어느날 마리아가 언니를 돕지 않아서 마르다가 화가 났어요. 그것에 대해 예수님께서는 마리아가 잘했다고 하셨지요. 그래요, 우리는 모두 각자의 선택을 하게 되고 그것은 존중받아야 하지요. 예수님을 섬기는 것과 예수님의 말씀을 듣는 것이 똑같이 중요하다는 것을 우리가 이해할 수 있게 해 주세요. 예수님의 이름으로 기도합니다. 아멘.

SING A SONG

I Will Boast
난 자랑하려네

PAUL BALOCHE
번역자 SeungJoo Lee

Joyfully

Zacchaeus the Tax Collector

세리 삭개오

Unit 20

People didn't like Zacchaeus.

He cheated them out of their money.

But Zacchaeus wanted to see Jesus.

He was too short to see over the crowd, so he climbed a tree.

When Jesus walked by, he looked up and told Zacchaeus, "I'm coming to your house."

After Zacchaeus met Jesus, he stopped cheating people.

Luke 19

오디오를 듣고 영어로 써 보세요. 20-1(77)

힘들면 우리말로 써도 괜찮습니다.

낱말아, 너 무슨 뜻이니? 20-2(78)

1. Zacchaeus : 삭개오
2. The tax collector : 세리, 세금을 걷는 사람
3. People : ________________
   a person : 한 사람
4. cheated them out of their money : 그들을 속여서 그들의 돈을 빼앗았다
   cheat someone out of something : 어떤 사람을 속여서 어떤 것을 빼앗다
5. too short to see : ~을 보기에는 너무 작은
6. over the crowd : 그 많은 사람들 너머로
   over 전치사 : ~을 너머
   the crowd : 그 많은 사람들
7. climbed 타동사 과거형 : 기어올랐다
   climb([나무]를 기어오르다)-climbed-climbed
8. a tree : ________________
9. walked 자동사 과거형 : 걸어갔다
   walk(걸어가다)-walked-walked
10. by 부사 : 가까이, 옆을 지나서
11. looked up : 쳐다보았다
   look-looked-looked
12. 'm coming 가까운 미래 : 갈 것이다(=am coming)
   come([상대자에게로] 가다)-came-come
13. met 타동사 : 만났다
   meet의 과거형
   meet(~을 만나다)-met-met
14. stopped cheating : 속이기를 멈췄다
   stop ~ing : ~하기를 멈추다
   stop-stopped-stopped
   cheat(~을 속이다)-cheated-cheated

문장 안에 있는 낱말의 역할을 관찰해요. 20-3(79)

1. People/ didn't like/ Zacchaeus.

2. He/ cheated/ them/ out of their money.
   그는/ 속여서 가졌어요/ 그들을/

3. But Zacchaeus/ wanted/ to see/ Jesus.
   그러나 삭개오는/ 원했어요/

4. He/ was/ too short to see/ over the crowd,/ so he/ climbed/ a tree.
   / 많은 사람들 너머로/
   그래서 그는/ 올라갔어요/ 한 나무를

5. When Jesus/ walked by,/ he/ looked up and told/ Zacchaeus,/ "I/ 'm coming/ to your house."
   예수님께서/ 옆으로 지나가셨을 때,/ 그가/ 보시고 말씀하셨어요/ 삭개오에게,
   /

6. After Zacchaeus/ met/ Jesus,/ he/ stopped/ cheating/ people.
   / 그는/ 멈추었어요/ 속이는 것을/ 사람들을

물음에 답하세요.

What did Jesus tell Zacchaeus?
예수님께서는 삭개오에게 뭐라고 말씀하셨나요?

20-4(80)

Let's Pray!

God of forgiveness, we can come to You because You forgive our sins. Zacchaeus who was well known to people as a cheater wanted to see Jesus. He could not see Jesus, but Jesus came to him while he was still a sinner. Zacchaeus was forever changed by Jesus' love, and he didn't cheat people again. Yes, we too are loved by Jesus since God loves us. Let us live our life as Your children not as sinners. We ask this, in Jesus' name. Amen.

기도드려요!

용서의 하나님, 하나님께서 우리의 죄를 용서하시기 때문에 우리가 하나님께 나아올 수 있었지요. 사람들에게 사기꾼으로 잘 알려진 삭개오는 예수님을 만나고 싶었어요. 그가 예수님을 볼 수 없었지만, 예수님께서 죄인인 그에게 찾아오셨지요. 삭개오는 예수님의 사랑으로 완전히 변화되었지요. 그래서 그는 사람들을 다시는 속이려 하지 않았어요. 그래요. 우리도 역시 하나님께서 우리를 사랑하시기 때문에 예수님의 사랑을 받았지요. 우리가 죄인이 아니라 하나님의 자녀로 우리의 삶을 살게 해 주세요. 예수님의 이름으로 기도합니다. 아멘.

We Shine
비추네

STEVE FEE & LOUIE GIGLIO
번역자 SeungJoo Lee

With energy ♩ = 152

Unit 21

The Triumphal Entry of Jesus into Jerusalem

예수님의 예루살렘으로의 승리의 입성

One day Jesus rode a donkey into Jerusalem.
Children sang about how wonderful Jesus was.
Many people waved palm branches.
They thanked God for Jesus.
They wanted Jesus to be their new king.

Luke 19

오디오를 듣고 영어로 써 보세요. 21-1(81)

힘들면 우리말로 써도 괜찮습니다.

낱말아, 너 무슨 뜻이니? 21-2(82)

1. The triumphal entry : 승리의 입성
   triumphal 형용사 : 승리의
   entry 명사 : 들어가기, 입성
2. into Jerusalem : 예루살렘으로
   into 전치사 (내부를 향한 동작·운동) : ~으로
3. One day : ____________________
   Some day : 언젠가는
4. rode 타동사 과거 : 탔다
   ride([말 따위를] 타다)-rode-ridden
5. a donkey : 한 당나귀, 한 마리의 당나귀
   donkeys : 당나귀들
6. Children : ____________________
   a child : 한 명의 어린이, 한 아이
7. sang about : ~에 대해서 노래를 불렀다
   sing([노래]를 부르다)-sang-sung
   about 전치사 : ~에 대해서
8. how wonderful Jesus was : 예수님께서 얼마나 훌륭하신지
   How wonderful Jesus is의 과거형
9. waved 타동사 과거형 : 흔들었다
   wave(~을 흔들다)-waved-waved
10. palm : 종려나무
11. branches : 가지
    a branch : 하나의 가지
12. for Jesus : 예수님 때문에
    for 전치사 (이유·원인) : ~때문에
13. their new king : 그들의 새 왕
    a new king : 한 새 왕
    three kings : 세 왕

문장 안에 있는 낱말의 역할을 관찰해요. 21-3(83)

1. One day/ Jesus/ rode/ a donkey/ into Jerusalem.

/예루살렘으로

2. Children/ sang/ about how wonderful Jesus was.

어린이들이/ 불렀어요/

3. Many people/ waved/ palm branches.

많은 사람들이/ 흔들었어요/

4. They/ thanked/ God/ for Jesus.

5. They/ wanted/ Jesus/ to be/ their new king.

그들은/ 원했어요/ 예수님께서/ 되시기를/

물음에 답하세요.

Tell God how wonderful Jesus is!
하나님께 예수님이 얼마나 훌륭하신지 말씀 드리세요!

21-4(84)

Let's Pray!

Almighty God, You are the King of kings. The people in Jerusalem waved palm branches to welcome Jesus as their new king. Though the entry of Jesus into Jerusalem was triumphant, Jesus came to us as the humble king who was never like other earthly kings. Make us know that Jesus is the humble king as he rode a donkey and that we should be like him. We pray in Jesus' name. Amen.

기도드려요!

전능하신 하나님, 하나님은 왕 중의 왕이십니다. 예루살렘 사람들은 예수님을 자기들의 새 왕으로 환영하기 위해서 종려나무 가지를 흔들었지요. 예수님의 예루살렘 입성은 성공했지만 예수님께서는 이 세상의 왕들과는 다른 겸손한 왕으로 오셨지요. 우리가 예수님께서 나귀를 타실 만큼 겸손한 왕이신 것과 우리도 예수님과 같아야 함을 알게 해 주세요. 예수님의 이름으로 기도합니다. 아멘.

We Lift You Up

주를 높여

Glenn Packiam
번역자 SeungJoo Lee

Moderately fast

Unit 22

The Last Supper

마지막 만찬

One night during supper, Jesus told his disciples it was the last meal he would eat with them on earth.
He knew soldiers would take him away that night, and they would kill him.
Jesus died for you and me, so that God can forgive us for the bad things we do.

Luke 22

오디오를 듣고 영어로 써 보세요. 22-1(85)

힘들면 우리말로 써도 괜찮습니다.

낱말아, 너 무슨 뜻이니? 22-2(86)

1. The last supper : 마지막 만찬
   late(늦은)-later(더 늦은)-last(마지막의)
   supper : 저녁식사, 만찬
2. One night : ________________
   day : 낮
   noon : 정오
   evening : 초저녁, 해질녘
   night : 밤
3. during 전치사 : ~중에
4. his disciples : __________________
5. the last meal : 마지막 식사
   a meal : 한 끼의 식사
6. on earth : 이 세상에서
7. soldiers 명사 복수형 : 병사들
   a soldier : 한 명의 병사
8. would take ~ away : ~를 붙잡아가다
   will take away의 과거형
   would take him away : 그를 붙잡아가다
9. that night : 그날 밤에
10. would kill : 죽일 것이다
    will kill의 과거형
11. died 자동사 과거형 : 죽었다
12. so that ~ can : ~가 ~할 수 있도록
13. can forgive : 용서할 수 있다
    forgive(~를 용서하다)-forgave-forgiven
14. us : 우리를
15. for 전치사 (이해) : ~에 대하여
16. the bad things : 나쁜 일들

문장 안에 있는 낱말의 역할을 관찰해요. 22-3(87)

1. One night/ during supper,/ Jesus/ told/ his disciples/ it/ was/ the last meal/ he/ would eat/ with them/ on earth.

   / 예수님께서/ 말씀하셨어요/ 그의 제자들에게/ / 그가/ 드실/ 그들과 함께/ 이 세상에서

2. He/ knew/ soldiers/ would take him away/ that night, **and** they/ would/ kill/ him.

   그는/ 아셨어요/ 병사들이/ 그를 붙잡아갈 **것을**/ / **그리고** 그들이/

3. Jesus/ died/ for you **and** me,/ **so that** God/ can forgive/ us/ for the bad things/ we/ do.

   예수님께서/ 죽으셨어요/ / 하나님께서/ 용서하**시도록**/ 우리를/

물음에 답하세요.

Why was this the last meal Jesus would eat on earth with his disciples?
왜 예수님은 제자들과 이 세상에서 먹는 마지막 식사를 하셨나요?

22-4(88)

Let's Pray!

God of Jesus, we want You to know how grateful we are for Your love. We can imagine how lonely Jesus was that night. His disciples did not know anything that would happen to Jesus. Only Jesus knew what was coming. He had the last supper with them so that his disciples could discover what Jesus came on earth for. Let us be prepared for the hardships in order to overcome it as Jesus did. In the name of Jesus, we ask this. Amen.

기도드려요!

예수님의 하나님, 우리가 하나님의 사랑에 얼마나 감사하고 있는지 아시길 원해요. 예수님께서 그날 밤에 얼마나 외로우셨을까요. 예수님의 제자들은 예수님께 무슨 일이 일어날지 알지 못했지요. 오직 예수님께서 무슨 일이 다가오고 있는지를 아셨어요. 예수님은 제자들에게 예수님이 이 세상에 오신 목적을 알게 하시려고 마지막 만찬을 드셨지요. 우리도 고난을 대비하게 하셔서 예수님처럼 이겨내게 해 주세요. 예수님의 이름으로 기도합니다. 아멘.

Faith
믿음

Worshipfully ♩=75

Jay Stocker
번역자 SeungJoo Lee

Jesus Prays in Gethsemane

예수님께서 겟세마네에서 기도하시다

After supper Jesus took his disciples to a garden to pray.
Jesus felt very sad.
He knew the soldiers were coming soon.
He knelt down and prayed for God to help him.
His disciples were no help - they all fell asleep!
But God sent an angel to make Jesus strong and brave.

Luke 22

오디오를 듣고 영어로 써 보세요. 23-1(89)

힘들면 우리말로 써도 괜찮습니다.

낱말아, 너 무슨 뜻이니? 23-2(90)

1. prays 자동사 3인칭 현재형 : 기도하다
2. in Gethsemane : 겟세마네에서
   * 겟세마네 : 감람산 서쪽 기슭에 있는 동산. 예수님께서 처형당하시기 전날, 최후로 기도를 드리고 잡혀 간 곳
3. took 타동사 과거형 : 데려갔다
   take(~을 데리고 가다)-took-taken
4. to a garden : 한 동산에
5. felt 타동사 과거형 : ~이라고 느꼈다
   feel(~이라고 느끼다)-felt-felt
6. very 부사 : ______________
7. were coming : 올 것이다
   are coming의 과거형
8. knelt down : 무릎을 꿇었다
   kneel down : 무릎을 꿇다
   kneel-knelt-knelt
9. for God to부정사의 의미상의 주어 : 하나님께서
10. no help : 도움이 아님
    no 형용사 : 하나도 없는
11. fell asleep : 잠들어버렸다
    fall asleep : 잠들다
    fall-fell-fallen
12. an angel : ______________
13. strong and brave : 강하고 용감하게

문장 안에 있는 낱말의 역할을 관찰해요.

23-3(91)

1. After supper/ Jesus/ took/ his disciples/ to a garden/ to pray.
   만찬 후에/ 예수님께서/ 데려가셨어요/ 그의 제자들을/

2. Jesus/ felt/ very sad.

3. He/ knew/ the soldiers/ were coming/ soon.
   그는/ 아셨어요/ 병사들이/

4. He/ knelt down and prayed/ for God/ to help/ him.
   / 하나님께서/ 도와주시기를/ 그를

5. His disciples/ were/ no help - they/ all/ fell asleep!
   그의 제자들은/ 이었어요/ 아무 도움도 아닌/

6. But God/ sent/ an angel/ to make/ Jesus/ strong and brave.
   그러나 하나님께서/ 보내셨어요/ 한 천사를/ 하게 하시려고/

물음에 답하세요.

Why did God send an angel to Jesus?
하나님께서는 왜 한 천사를 예수님께 보내셨나요?

23-4(92)

Let's Pray!

Dear God, You are so thoughtful. When Jesus was praying for Your help in the garden, You made him strong and brave. Jesus got no help from his disciples, but God was the help that He needed. We will trust in You, and we will only look for You in troubled times. Make us stronger and braver so we can obey You. In lovely Jesus' name, we pray. Amen.

기도드려요!

사랑하는 하나님, 하나님께서는 참 사려가 깊으셔요. 예수님께서 그 동산에서 하나님의 도우심을 구하며 기도하셨을 때, 하나님께서 예수님을 강하고 용감하게 하셨지요. 예수님께서는 그의 제자들에게 아무 도움도 받지 못하셨지만 하나님께서 예수님의 도움이 되어 주셨지요. 우리는 어려울 때에 하나님을 신뢰하고, 오직 하나님만을 바라볼래요. 우리가 하나님께 순종하도록 더 강하고 더 용감하게 되게 해 주세요. 아름다우신 예수님의 이름으로 기도합니다. 아멘.

I Can Only Imagine

상상할 뿐이죠

BART MILLARD
번역자 SeungJoo Lee

Reflectively

Unit 24

Crucifixion of Jesus

예수님의 십자가

The soldiers nailed Jesus to a cross made of wood.
They put two bad men on crosses next to him.
One of the bad men was sorry for his sins.
He asked Jesus to forgive him.
Jesus said yes, he would do that.
Jesus forgives everyone who asks him to.
He will forgive you.

Luke 23

오디오를 듣고 영어로 써 보세요. 24-1(93)

힘들면 우리말로 써도 괜찮습니다.

낱말아, 너 무슨 뜻이니? 24-2(94)

1. Crucifixion 명사 : 십자가에 못 박힘
2. of Jesus : ________________
   of 전치사 (주격 관계) : ~의
3. nailed 타동사 과거형 : 못 박았다
   nail(~을 못으로 박다)-nailed-nailed
4. to a cross : 하나의 십자가에
   to 전치사 (접촉·근접) : ~에
5. made of wood 과거분사 : 나무로 만든
   made of : ~로 만든
6. two bad men : 두 명의 나쁜 남자들
7. on crosses : ________________
8. next to him : 그의 옆에 있는
9. sorry 형용사 : 후회하는, 뉘우치는
10. for his sins : 그의 죄들 때문에
11. to forgive to부정사의 명사적 용법 (목적격 보어)
    : 용서하기
12. yes 명사 : 그래, 그렇게 하겠다 (긍정·승낙의 말)
13. must do : 해야만 하다
14. us : 우리를

문장 안에 있는 낱말의 역할을 관찰해요. 24-3(95)

1. The soldiers/ nailed/ Jesus/ to a cross/ made of wood.
   / 하나의 십자가에/ 나무로 만든
2. They/ put/ two bad men/ on crosses/ next to him.
   그들은/ 두었어요/ 두 명의 나쁜 남자들을/ 십자가들 위에/
3. One of the bad men/ was/ sorry/ for his sins.
   그 나쁜 남자들 중에 하나가/ 이었어요/ 뉘우치는/
4. He/ asked/ Jesus/ to forgive/ him.
5. Jesus/ said/ yes,/ he/ would do/ that.
   / 그가/ 하실 거였어요/ 그 일을
6. Jesus/ forgives/ everyone/ who asks/ him/ to.
   예수님께서는/ 용서하셔요/ 모두를/
7. He/ will forgive/ you.

물음에 답하세요.

What must we do if we want Jesus to forgive us?
예수님께서 우리를 용서하시기를 바란다면 우리는 무엇을 해야만 하나요?

24-4(96)

Let's Pray!

Dear God, we thank You for Your love in Jesus. Jesus was insulted by the soldier and the people without doing anything wrong. Eventually Jesus was nailed to a cross because it was what the foolish crowd wanted. One of the bad men next to him asked for Jesus' mercy and Jesus forgave him. We also do bad things sometimes, and we need forgiveness for that. Now we learned that we only need to ask Jesus for his forgiveness. O, God, let us live as daughters and sons of God. We pray in Jesus' name. Amen.

기도드려요!

사랑하는 하나님, 우리는 예수님 안에서 드러난 하나님의 사랑에 감사드려요. 예수님은 잘못도 없이 병사들과 사람들에게 모욕을 당하셨지요. 결국 예수님은 바보 같은 군중이 원하는 대로 십자가에 달리셨어요. 예수님 곁에 있던 나쁜 남자들 중 하나가 예수님의 자비를 구했어요. 그래서 예수님께서 그를 용서해 주셨어요. 우리도 어떨 때 나쁜 일들을 해요. 그래서 우리도 용서받아야 해요. 이제 우리는 우리가 용서받기 위해서 예수님께 부탁드리기만 하면 되는 것을 알아요. 오! 하나님, 우리가 하나님의 딸들과 아들들로 살아가게 해 주세요. 예수님의 이름으로 기도합니다. 아멘.

I Give You My Heart

내 맘 주께 드려요

REUBEN MORGAN
번역자 SeungJoo Lee

Worshipfully

Unit 25

Resurrection of Jesus

예수님의 부활

After Jesus was dead, some friends put his body in a cave.
A big stone was put in front of the cave so no one could go in or out.
But early on Sunday morning Jesus came back to life and came out of the grave!
He was alive again!

Luke 24

오디오를 듣고 영어로 써 보세요. 25-1(97)

힘들면 우리말로 써도 괜찮습니다.

낱말아, 너 무슨 뜻이니? 25-2(98)

1. Resurrection 명사 : 부활
2. After 접속사 : ~한 후에
3. dead 형용사 : 죽은
4. his body : 그의 몸
5. in a cave : 하나의 굴속에
   a cave : 굴
6. A big stone : 하나의 큰 돌
7. in front of : ~의 앞에, ~의 정면에
8. no one : ________________
9. could go in or out : 들어가거나 나올 수 있었다
   go in : 안으로 들어가다
   go out : 밖으로 나가다
10. early 부사 : 일찍
11. on Sunday morning : 일요일 아침에
12. to life : 생명으로
13. came out of : ~밖으로 나왔다
14. the grave : 그 무덤
15. alive 형용사 : 살아 있는
16. again : ________________
17. Did stay : 머물렀나
    did : 조동사 do 의 과거형
    stay([장소·지위]에 머무르다)-stayed-stayed

문장 안에 있는 낱말의 역할을 관찰해요. 25-3(99)

1. After Jesus/ was/ dead,/ some friends/ put/ his body/ in a cave.

   / 몇 명의 친구들이/ 두었어요/ 그의 몸을/ 한 굴속에

2. A big stone/ was put/ in front of the cave/ so no one/ could go in or out.

   하나의 큰 돌이/ 놓였어요/ 그 굴 앞에/ 그래서

3. But early/ on Sunday morning/ Jesus/ came back/ to life/ and came/ out of the grave!

   그러나 일찍/ 일요일 아침에/ 예수님께서/ 돌아오셨어요/ 생명으로/ 그리고

4. He/ was/ alive/ again!

물음에 답하세요.

Did Jesus stay in the cave?
예수님께서는 굴속에 머물러 계셨나요?

25-4(100)

Let's Pray!

Giver of life, You are our God. Jesus died and was buried, but he stayed in his grave no more than three days. God raised him from his death. No one can overcome death, but Jesus did. God made Jesus alive again. It is very hard to understand. Therefore, enable us to understand this in faith. Let us not afraid of death anymore since God is the giver of life. In the name of resurrected Jesus' name, we pray. Amen.

기도드려요!

생명의 주인이신 하나님, 주님은 우리의 하나님이십니다. 예수님께서 죽으시고 매장되셨지만, 그는 그의 무덤에 3일 이상 머물러 계시지 않았어요. 하나님께서 그를 죽음에서 일으키셨지요. 누구도 죽음을 이길 수 없는데, 예수님께서는 이기셨지요. 하나님께서 예수님이 다시 살아나게 하셨지요. 이것은 정말 이해하기 어렵습니다. 그러니 우리가 이것을 믿음 안에서 이해할 수 있게 해 주세요. 하나님께서 생명의 주인이시니 우리가 죽음을 더 이상 무서워 말게 해 주세요. 부활하신 예수님의 이름으로 기도합니다. 아멘.

Power Shuffle
주의 능력

Jay Stocker
번역자 SeungJoo Lee

Unit 26

Jesus Ascends to Heaven

예수님이 하늘로 승천하시다

Jesus' friends could hardly believe that he was alive again.

So he showed them the nail marks in his hands and feet.

One day he rose up into the sky and disappeared in a cloud!

He went back to his Father in heaven.

Someday he will come back to earth again!

Luke 24, Acts1

오디오를 듣고 영어로 써 보세요. 26-1(101)

힘들면 우리말로 써도 괜찮습니다.

낱말아, 너 무슨 뜻이니? 26-2(102)

1. Acts : 사도행전
2. ascends 자동사 3인칭 단수 현재형 : 올라가다
3. to Heaven : 하늘로
4. could hardly believe : 믿기가 어려웠다
   could : 조동사 can의 과거형
   hardly 부사 : 거의 ~않다
   believe(~을 믿다)- believed-believed
5. alive 형용사 : ______________
6. showed 타동사 과거형 : 보여 주었다
7. the nail marks : 그 못 자국들을
   a mark : 하나의 자국, 흔적, 흉터
8. rose up : 올라갔다
   rise(올라가다)-rose-risen
9. into the sky : 하늘로
   into 전치사 (내부를 향한 동작·운동)
   : ~으로, ~안으로
10. disappeared 자동사 과거형 : 사라졌다
    disappear(사라지다)-disappeared-disappeared
11. in a cloud : 하나의 구름 속에
12. went back : 돌아갔다
    go-went-gone
13. to his Father : 그의 아버지에게
14. in heaven : ______________
15. Someday : 언젠가
16. will come back : 돌아올 것이다
    will 조동사 (의지·미래) : ~할 것이다

문장 안에 있는 낱말의 역할을 관찰해요.

26-3(103)

1. Jesus' friends/ could hardly believe/ that he/ was/ alive/ again.

   예수님의 친구들은/ 믿기가 어려웠어요/

2. So he/ showed/ them/ the nail marks/ in his hands and feet.

   그래서

   / 그의 손들과 발들에 있는

3. One day/ he/ rose up/ into the sky/ and disappeared/ in a cloud!

   어느 날/ 그는/ 위로 올라가셨어요/ 하늘로/ 그리고

4. He/ went back/ to his Father/ in heaven.

   / 그의 아버지에게/ 하늘에 계신

5. Someday/ he/ will come back/ to earth/ again!

   / 땅으로/ 다시

물음에 답하세요.

Where did Jesus go?

예수님께서는 어디로 가셨나요?

26-4(104)

Let's Pray!

God, wonderful savior, we adore You more and more. After Jesus' resurrection, his disciples met him face to face. They then witnessed the Ascension of Jesus as they have seen it. Now we are waiting for Jesus' second coming. Yes, it is also difficult to understand what the Bible teaches us about it. But let us believe that God saves us from evil and leads us to the good life. In the name of Jesus, we ask this. Amen.

기도드려요!

하나님, 위대하신 구원자, 우리는 하나님을 더욱더 우러러 봅니다. 예수님의 부활 후에 예수님의 제자들이 예수님을 대면했지요. 그러고 나서 그들은 자기들이 본 대로 예수님의 승천하심을 증언했지요. 이제 우리는 예수님의 다시 오심을 기다리고 있어요. 그래요, 예수님의 승천에 대한 성경말씀을 이해하기 어려워요. 그렇지만 하나님께서 우리를 악에서 구원하시고 선한 삶으로 인도하시는 것을 믿게 해 주세요. 예수님의 이름으로 기도합니다. 아멘.

One Thing Remains
한 가지 변함없는 것

번역자 SeungJoo Lee

지도자 가이드

Easy English BiBle Study란?

영어성경공부반 운영 지침

단어 뜻 및 해석 완성

Easy English BiBle Study란?

1. 어린이들이 영어성경과 친해질 수 있는 기회를 제공합니다.

① 케네스 테일러(Kenneth N. Taylor)가 쓴 영어성경 「A Child's First Bible」(2000)을 성경본문으로 채택하였습니다.

② 영어성경이 어렵다는 편견을 없애 주기 위해서 영어권 어린이들이 처음 사용하는 성경을 선택하였습니다. 원서 저자가 사용하는 어휘는 어린이들에게 친근하고 쉬운 단어들이어서 쉽게 이해할 수 있습니다.

③ 원서의 내용은 성경의 중요한 장면을 요약해서 묘사하였습니다. 그중에서 잘 알려지고 꼭 알아야 할 내용을 선택하여 총 52과로 구성하였습니다. (각 권은 26과로 구성되었으며 구약편, 신약편 총 2권으로 출판됩니다.)

2. 어린이들이 영어를 쉽게 배우고 영작할 수 있도록 돕습니다.

① 짧은 본문을 제시합니다. 어린이들이나 초보자에게 부담되지 않는 문장으로 구성되어 있어서 어렵지 않게 외울 수 있습니다.

② 문법이 반영된 단어와 구절의 뜻을 제공해 문법 설명 없이도 문장 속에서 단어와 구절의 역할을 배울 수 있습니다. 우리가 말을 배울 때는 문법으로 배우지 않습니다. 문법을 몰라도 모국어를 할 수 있듯이 문법에 치중하지 않고도 영어를 자연스럽게 익힐 수 있게 구성했습니다.

③ 영어 어순으로 직독직해를 연습하면 큰 노력 없이 영어 어순을 익힐 수 있습니다. 직독직해는 비슷한 유형의 문장을 스스로 만들 수 있어 쓰기나 말하기 훈련에 가장 좋은 방법입니다. 직독직해의 방법으로 영어를 익히도록 집필한 것이 이 교재의 큰 특징입니다.

④ 문장 안에서 접속사의 역할을 반복적으로 익힐 수 있도록 안내합니다. 접속사의 역할을 알게 되면 복문을 읽거나 쓰는 일이 쉬워지고 정확해집니다.

⑤ 같은 어휘가 반복해서 나오므로 단어의 뜻과 문장을 의도적으로 외우지 않아도 쉽게 익힐 수 있습니다. 언어를 배우는 데 있어 반복은 가장 좋은 방법입니다.

⑥ 영작을 한다는 것은 영어를 배우는 사람에게 어려운 일입니다. 그런데 본 교재가 제시하는 직독직

해의 방법으로 영어를 배우면 영작이 됩니다. 이것이 본 교재의 강점입니다. 따라서 어른들도 영작을 하기 원한다면 이 교재를 활용할 수 있습니다.

3. 초등학생이면 누구든지 배울 수 있고 영어성경공부반에 참여할 수 있습니다.

① 초등학생이어도 알파벳을 미처 익히지 못한 어린이가 있고 간단한 문장을 읽고 해석할 수 있는 어린이가 있습니다. 지도교사가 학습 성취도를 조절한다면 이처럼 다양한 수준의 어린이들이 모두 참여할 수 있습니다. 영어를 처음 배우고 어려워하는 어린이들에게는 한 과의 내용을 한 번에 다 가르칠 것이 아니라 학습자의 능력에 맞추어서 진도를 나갑니다. 반대로 본문 내용을 읽고 어느 정도 해석도 할 수 있는 어린이들은 직독직해와 문장 암기, 본문에 근거한 영어로 하는 문답을 중심으로 수업을 진행하면 됩니다.

② 영어를 처음 배우는 어린이들, 문자를 그림처럼 대하는 어린이들도 참여할 수 있습니다. 언어를 배우는 것은 문자를 알고 난 뒤에 배울 수 있는 것은 아니기 때문입니다. 특히 암기력이 뛰어난 저학년 어린이들은 문자를 읽는 것에 관심을 두지 않는 경우가 있습니다. 이런 경우에는 듣고 말하기 중심으로 영어를 지도하는 것이 좋습니다. 이런 수준의 어린이들에게는 단어카드나 한 문장을 여러 장의 카드에 나누어 써서 손으로 만지고 눈으로 볼 수 있는 부교재가 도움이 됩니다.

③ 분반 구성은 교회 상황에 따라 다를 수 있습니다. 만일 어린이 수가 적다면 수준이 다른 어린이들을 한 반으로 할 수도 있습니다. 만일 여러 반으로 나눌 수 있다면 수준별로 나누어서 할 수도 있습니다. 어떤 방식으로 구성하든지 어린이 하나를 가르치는 것보다 모둠으로 진행하는 것이 반복을 많이 하고, 아는 것도 확실하게 짚고 넘어갈 수 있기 때문에 영어공부에 도움이 됩니다.

④ 한 과를 마칠 때마다 어린이들이 성경 이야기에서 배우는 교훈과 결단을 담은 기도문을 우리말과 영어로 제공합니다. 기도문은 중요한 내용을 반복하게 해서 어린이들에게 말씀에 대한 결단이 남도록 합니다. 뒤쪽으로 갈수록 기도문이 길어지는데, 이는 어린이들의 실력이 자라감에 따라 기도문에서 난이도에 변화를 준 것입니다.

⑤ 각 과마다 있는 질문은 원서 저자의 의도를 반영하기 위해 그대로 사용했습니다. 따라서 어떤 경우에는 질문이 너무 쉬울 수도 있습니다. 교사가 영어로 질문을 구성하기 어려운 경우에는 우리말로 묻고 답하는 형식으로 진행할 수도 있습니다.

4. 단어의 뜻과 문법 설명을 위해 다양하고 신뢰할 수 있는 사전들을 참조하였습니다.

단어와 구절에 대한 해설은 엘리트 영한/한영사전, 뉴에이스 영한/한영사전, The Free Dictionary on-line (by FARLEX), Google Translation, 그 외 다양한 인터넷 사전을 참조하였습니다.

5. 문장을 직독직해하면서 우리말로 해석할 때도 영문법이 표현되도록 하였고, 몇 가지 특수한 기호를 사용하였습니다.

① 문장을 의미 단위로 잘랐습니다.

Abraham/ was/ God's special friend.

아브라함은/ 이었어요/ 하나님의 특별한 친구

② Be동사와 보어를 잘랐습니다.

Abraham/ was/ God's special friend.

아브라함은/ 이었어요/ 하나님의 특별한 친구

③ 접속사를 특별하게 표시했습니다. 접속사가 생략된 경우 우리말 해석에는 생략된 접속사가 있다는 표시를 했습니다.

Sarah and Abraham/ were/ sad.

사라와 아브라함은/ 이었어요/ 슬픈

Many years later,/ Jacob/ told/ Esau/ he/ wanted/ to be/ friends/ again.

('told/ that Esau/' 종위접속사 that이 생략된 경우입니다.)

여러 해 후에/ 야곱이/ 말했어요/ 에서에게/ 그가/ 원한다고/ 되기를/ 친구가/ 다시

④ 형용사의 경우에는 보어의 자리에서 '~한(~ㄴ)'의 표현이 어색하더라도 보어의 자리에 명사나 형용사가 올 수 있다는 감각을 익힐 수 있도록 우리말 느낌이 형용사가 되도록 했습니다.

Pharaoh, the king of Egypt,/ was/ very mean.

바로, 이집트의 왕은/ 였어요/ 아주 심술궂은

God's people/ were/ afraid.

하나님의 백성은/ 이었어요/ 두려운

⑤ Be동사의 부정을 해석할 때 각 단어가 가진 의미를 살려서 해석했습니다. 이렇게 하는 것은 우리말 어법에는 맞지 않으나 작문을 할 때 Be동사 + 형용사/명사의 어순과 형태를 자연스럽게 떠올리게 하기 위한 방법입니다.

Baby Moses/ was not/ safe.

아기 모세는/ 이지 않았어요/ 안전한

⑥ 전치사와 함께 쓰여서 타동사와 같이 취급되는 take care of, be afraid of, listen to와 같은 전치사구는 한 덩어리로 취급했습니다. 그러나 간혹 그렇게 하지 않은 경우도 문법에 어긋나지 않습니다.

On the night/ Jesus/ was born,/ some shepherds/ were taking care of/ their sheep.

그 밤에/ 예수님께서/ 태어나신,/ 몇 명의 목자들이/ 돌보고 있었어요/ 그들의 양들을

영어성경공부반 운영 지침

1. 교실 환경 준비

① 소음이 없는 장소, 공기가 탁하지 않고 주의가 산만하지 않은 장소를 교실로 선택합니다.

② 칠판이나 화이트보드, 모조지에 그 날 배울 과의 내용을 써서 준비합니다. 아이패드나 PPT를 사용할 수도 있습니다. 본문에 있는 것과 같이 의미소 단위로 문장을 잘라서 적어 놓습니다.

③ 탁자는 둥근 것이 가장 좋으며 되도록 둥글게 앉도록 합니다. 학생이 많을 경우 반달형으로 배치합니다.

④ 연필, 지우개 등 필요한 물품을 어린이들이 자율적으로 선택할 수 있게 준비합니다.

⑤ 물, 화장지 등을 가까이 배치하여 필요할 때 바로 사용할 수 있게 준비합니다. 이는 어린이들이 집중해서 수업에 참여할 수 있게 하기 위함입니다.

2. 영어성경공부 진행순서

① 환영 (20분)

어린이들이 20분 전에 입실하여 공부할 준비를 합니다. 다른 어린이들을 기다리는 동안 영어찬양을 배우는 시간을 가져도 좋습니다. 영어찬양은 어린이들이 영어를 쉽게 익히는 좋은 방법입니다. 교재 각 과에 영어찬양을 넣었습니다. 영어찬양을 쉽게 익히기 위해서 유튜브에 있는 동영상을 활용합니다.

② 영어 듣고 써 보기, 이야기하기 (10분)

원어민이 읽어 주는 본문을 두 번 정도 들려줍니다. (www.kmcedu.or.kr 로 들어가서 자료실을 클릭하시면 영어교재 폴더에서 내려 받을 수 있습니다.) 영어로 쓸 수 있으면 영어로, 영어로 쓰기 어려울 경우 자신이 들은 것을 우리말로 쓰면 됩니다. 그런 후 어린이들이 받아 적은 것을 자기가 읽도록 합니다. 받아쓰기는 글씨로 표현하지 못한 발음을 읽을 때 재연할 수 있어서 좋습니다.

③ **그림 보고 이야기하기 (3~5분)**

각 과의 성경 그림을 보며 이야기합니다. 그림이 뜻하는 내용을 우리말로 표현해도 좋고 영어로 표현해도 좋습니다. 어린이들이 그림을 보며 중심 되는 인물, 장소, 물건, 사건 등을 읽어내도록 유도합니다. 잘 모를 경우 조금씩 힌트를 주면서 어린이들과 함께 성경 이야기를 구성해 봅니다.

④ **본문을 소리 내어 읽기 (3분)**

본문을 읽는 것은 중요합니다. 아직 영어 철자에 익숙하지 않은 어린이들도 그림으로, 리듬으로, 소리로 영어에 익숙해질 수 있는 좋은 기회입니다. 읽기 능력이 어느 정도 될 경우 어린이들이 먼저 읽고 교사가 교정해 줍니다. 그러나 읽기가 어려운 어린이들의 경우 교사가 읽고 어린이들은 한 박자 느리게 따라 읽도록 훈련하시면 됩니다. (원어민의 녹음을 들려줘도 됩니다.)

⑤ **지금까지 읽은 영어를 통해 알게 된 내용 이야기하기 (3분)**

영어 실력이 평균 이상인 어린이들은 무슨 이야기가 오가는지 짐작하고 이야기할 수 있습니다. 그런 어린이들이 있을 경우 내용을 이야기할 기회를 줍니다.

⑥ **낱말의 발음과 뜻을 익히기 (10~20분)**

- 먼저 빈칸에 우리말 뜻을 씁니다. 성경 공부가 매주 진행되면 반복되는 단어들이 나오기 때문에 너무 많은 시간을 들이지 않아도 됩니다. 단어를 꼭 외울 필요는 없습니다.
- 다음으로 낱말을 큰소리로 발음하며 익히도록 합니다. 영어의 자음과 모음에 해당하는 입 모양으로 훈련하는 시간입니다. 우리말을 발음할 때조차 입 모양이 틀린 어린이들을 자주 봅니다. 시간이 허락하는 한 발음을 교정해 줍니다.
- 낱말 익히기 마지막 단계로 영단어를 교사가 먼저 읽으면(원어민의 녹음을 들려줘도 됩니다) 학습자들은 영어 단어와 우리말 뜻을 말합니다. 어린이들이 낱말에 친숙해지기를 원하는 만큼 이 단계를 반복합니다. 나중에 어린이들이 익숙해지면 반복 없이 한번만 해도 좋습니다.

⑦ **본문을 소리 내어 읽기 (3분)**

어린이들이 단어를 익혔으므로 본문을 더 잘 읽을 수 있습니다.

⑧ **본문 직독직해와 어구 반복 (10~20분)**

어린이들이 문장 안에 있는 낱말들을 보면서 빈칸에 낱말의 뜻을 써 넣게 합니다. 낱말의 뜻은 본문의 순서대로 씁니다. 교사는 본문 해석에서 조사와 어미만 적당하게 바꾸어 주면 됩니다.

한 문장의 해석을 완성한 후 교사가 영어 단어를 말하면 어린이들은 우리말을 합니다. 그리고 교사가 우리말로 하면 어린이들은 영어로 말합니다. 이때 영어의 순서대로 여러 번 반복합니다. 반복하는 것을 통해서 어린이들은 문장 안에서 단어의 역할을 익히고, 뜻을 익히고, 영어 어순에 익숙해지게 됩니다.

⑨ **질문에 답하기 (5분)**

먼저 영어로 질문, 영어로 답해 보고, 어려울 경우 우리말로 질문하고 영어로 답하게 합니다. 이것도 어려울 경우 우리말로 묻고 우리말로 답하게 합니다.

⑩ **본문 해석 완성하기 (5분)**

앞에서 어린이와 교사가 함께 완성한 해석을 어린이들이 교재의 빈칸에 적습니다.

⑪ **핵심문장 외우기 (5~10분)**

본문이 많이 익숙해진 후에는 본문을 해석하면서 바로 암기할 수 있습니다. 그러나 처음부터 외우는 것을 시키면 어려워서 성경공부를 싫어하게 될 수 있습니다. 그래서 모든 공부를 마치는 단계에서 외우기 쉬운 문장, 그러면서도 그 과의 주제를 드러내 주는 핵심 문장을 어린이들과 함께 정하고 외우도록 합니다.

암기 방법은 먼저 우리말로 영어 순서대로 외운 후 영어 문장을 짧게 짧게 외우다가 다 같이 붙여서 말하도록 합니다.

⑫ **영어로 기도한 후 우리말로 다시 한 번 기도하기 (2분)**

영어 기도를 교사가 천천히 읽으면 어린이들은 본문 읽기를 할 때와 같이 교사의 소리를 듣고 따라 합니다. 영어를 잘하는 어린이들은 같은 속도로 읽도록 합니다.

우리말 기도를 또 한 번 하는 이유는 성경 내용에 대해 교사가 마무리 설명을 하지 않아도 기도를 통해서 메시지 전달과 결단이 이루어지기 때문입니다. 본 교재에서 가장 중요한 단계라고도 할 수 있습니다. 그러므로 집중이 잘 되는 상태에서 기도를 이끌어야 합니다.

3. 기타

① 시작할 때 교사의 기도로 시작합니다.

② 마칠 때는 감사한 이유를 한 가지씩 말하면서 마칩니다.

③ 어린이들이 조금이라도 실력이 나아지는 것을 발견하면 칭찬해 줍니다.

④ 매 시간 좋은 성과를 올리기는 어렵습니다. 잘 안 되는 상황을 교사 스스로 받아들이되, 어린이들 앞에서 부정적인 평가나 생각을 말하지 말고 일지에 기록합니다. 학업성취도는 특히 어린이들의 건강상태, 감정상태에 큰 영향을 받습니다.

⑤ 실력이 낮은 단계의 어린이들을 지도할 때에는 교사가 어린이들이 알아차리지 못한 상태에서 어려운 단계로 넘어가게 도와줍니다.

⑥ 어린이가 영어성경공부를 하면 부모들은 좋아하지만 어린이들에게는 쉬운 일이 아닙니다. 따라서 어린이들이 기대할 만한 즐거운 일들을 함께 준비하여 영어성경공부반에 나오는 일을 좋아할 수 있게 합니다. (예: 간식, 놀이, 회식, 파티 등)

단어 뜻 및 해석 완성

Unit 1

Surprising News to Mary
마리아에게 온 놀라운 소식

MEMO

God sent the angel Gabriel to tell Mary something very important.
하나님께서 천사 가브리엘을 보내셔서 마리아에게 매우 중요한 일을 전하게 하셨어요.
At first Mary was afraid.
처음에는 마리아가 두려워했어요.
But the angel said, "God wants you to be the mother of his Son, Jesus!"
그러나 그 천사가 말했어요. "하나님께서 네가 하나님의 아들, 예수님의 어머니가 되기를 원하신다."
Mary said she would do whatever God wanted.
마리아가 말하기를 하나님께서 원하시는 것은 무엇이든 하겠다고 했어요.
She was very happy to become Jesus' mother.
마리아는 예수님의 어머니가 되는 것이 매우 행복했어요.
Luke 1

● 낱말아, 너 무슨 뜻이니?

7. Mary : 마리아
8. the mother : 어머니
10. Jesus : 예수님
13. Jesus' mother : 예수님의 어머니

● 문장 안에 있는 낱말의 역할을 관찰해요.

1. God/ sent/ the angel Gabriel/ to tell/ Mary/ something/ very important.
   하나님께서/ 보내셨어요/ 천사 가브리엘을/ 전하기 위해서/ 마리아에게/ 어떤 일을/ 매우 중요한
2. At first/ Mary/ was/ afraid.
   처음에는/ 마리아가/ 이었어요/ 두려운
3. But the angel/ said,/ "God/ wants/ you/ to be/ the mother/ of his Son, Jesus!"
   그러나 그 천사가/ 말했어요/ "하나님께서/ 원하신다/ 네가/ 되기를/ 그 어머니가/ 그의 아들, 예수님의"
4. Mary/ said/ she/ would do/ whatever God/ wanted.
   마리아가/ 말했어요/ 그녀가/ 할 것이라고/ 무엇이든 하나님께서/ 원하시는
5. She/ was/ very happy/ to become/ Jesus' mother.
   그녀는/ 이었어요/ 매우 행복한/ 되는 것이/ 예수님의 어머니가

● 물음에 답하세요.

Will you do whatever God wants you to do?
여러분은 하나님께서 여러분이 하기를 원하시는 일이 무엇이든지 할 건가요?
Yes, I will (do whatever God wants me to do).
네, 나는 (하나님께서 내가 행하기를 원하시는 일이 무엇이든 행) 할 거예요.

On the night Jesus was born, some shepherds were taking care of their sheep.

예수님께서 태어나신 그 밤에, 몇 명의 목자들이 그들의 양들을 돌보고 있었어요.

An angel came to tell them that they could find baby Jesus in a manger.

한 천사가 그들에게 전하러 와서는 그들이 구유 안에 있는 아기 예수를 찾을 수 있다고 했어요.

Suddenly thousands of angels appeared in the sky.

갑자기 수천 명의 천사들이 하늘에 나타났어요.

They praised God for sending Jesus to be our Savior.

그들은 예수님을 보내셔서 우리의 구원자가 되게 하신 하나님을 찬송했어요.

Luke 2

● 낱말아, 너 무슨 뜻이니?

2. was born : 태어났다
5. Suddenly : 갑자기

● 문장 안에 있는 낱말의 역할을 관찰해요.

1. On the night/ Jesus/ was born,/ some shepherds/ were taking care of/ their sheep.
   그 밤에/ 예수님께서/ 태어나신/ 몇 명의 목자들이/ 돌보고 있었어요/ 그들의 양들을
2. An angel/ came/ to tell/ them/ that they/ could find/ baby Jesus/ in a manger.
   한 천사가/ 왔어요/ 전하기 위해서/ 그들에게/ 그들이/ 찾을 수 있다고/ 아기 예수님을/ 구유 안에 있는
3. Suddenly/ thousands of angels/ appeared/ in the sky.
   갑자기/ 수천 명의 천사들이/ 나타났어요/ 하늘에
4. They/ praised/ God/ for sending Jesus/ to be our Savior.
   그들은/ 찬송했어요/ 하나님을/ 예수님을 보내신 것에 대해/ 우리의 구원자가 되시도록

● 물음에 답하세요.

You can thank God for Jesus too!

여러분도 예수님 때문에 하나님께 감사드릴 수 있어요!

Loving God, I thank You for Jesus, my Savior.

사랑의 하나님, 저는 저의 구원자이신 예수님 때문에 하나님께 감사드려요.

Unit 2

Jesus Our Savior
우리의 구원자 예수님

MEMO

Unit 3

The Shepherds Find Baby Jesus
목자들이 아기 예수님을 발견하다

MEMO

When the angels left, the shepherds said,
천사들이 떠났을 때, 목자들이 말했어요.
"Let's go to Bethlehem. Let's see if we can find this baby."
"베들레헴으로 갑시다. 우리가 이 아기를 찾을 수 있는지 봅시다."
They found Jesus lying in a manger, just as the angel had said.
목자들은 구유 안에 누워 계신 예수님을 찾았는데 정말 천사들이 말했던 대로였어요.
How excited they were!
목자들이 얼마나 흥분했는지요!
They told everyone the good news.
그들은 모든 사람에게 좋은 소식을 전했어요.
They praised God all the way back to their fields.
목자들은 들판으로 돌아가는 길 내내 하나님을 찬양했어요.

Luke 2

● 낱말아, 너 무슨 뜻이니?

4. found : 찾았다
9. everyone : 모든 사람
10. the good news : 좋은 소식

● 문장 안에 있는 낱말의 역할을 관찰해요.

1. When the angels/ left,/ the shepherds/ said,
   그 천사들이/ 떠났을 때/ 그 목자들이/ 말했어요
2. "Let's go/ to Bethlehem./ Let's see/ if we/ can find/ this baby."
   "갑시다/ 베들레헴으로/ 봅시다/ 우리가/ 찾을 수 있는지/ 이 아기를
3. They/ found/ Jesus/ lying/ in a manger,/ just as the angel/ had said.
   그들은/ 찾았어요/ 예수님을/ 누워 계신/ 한 구유 안에/ 그 천사가/ 말했던 것처럼
4. How/ excited/ they/ were!
   얼마나/ 흥분한/ 그들이/ 이었는지
5. They/ told/ everyone/ the good news.
   그들은/ 전했어요/ 모든 사람에게/ 그 좋은 소식을
6. They/ praised/ God/ all the way back/ to their fields.
   그들은/ 찬양했어요/ 하나님을/ 돌아가는 길 내내/ 그들의 들판으로

● 물음에 답하세요.

You can tell everyone about Jesus' birth too!
여러분도 모든 사람에게 예수님의 탄생에 대해 전할 수 있어요!
Yes, I can tell people that Jesus was born to be our Savior and friend.
네, 나는 사람들에게 예수님이 우리의 구원자와 친구가 되시려고 태어나신 것을 말할 수 있어요.

Some wise men followed a special star in the sky.
동방박사 몇 사람이 하늘에 있는 특별한 별을 따라왔어요.
It led them to the house where the little boy Jesus lived.
그 별은 그들을 어린 소년 예수님이 살고 있는 집으로 인도했어요.
The wise men gave gifts to Jesus.
동방박사들은 예수님께 선물을 드렸어요.
They got down on their knees to worship him.
그들은 예수님에게 경배 드리기 위해 무릎을 꿇었어요.
They knew he was going to be a great king.
그들은 그가 위대한 왕이 될 것을 알았어요.

Matthew 2

● 낱말아, 너 무슨 뜻이니?

15. love : 사랑하다

● 문장 안에 있는 낱말의 역할을 관찰해요.

1. Some wise men/ followed/ a special star/ in the sky.
   몇 명의 동방박사들이/ 따라왔어요/ 하나의 특별한 별을/ 하늘에 있는
2. It/ led/ them/ to the house/ where the little boy Jesus/ lived.
   그것이/ 인도했어요/ 그들을/ 그 집으로/ 그 어린 소년 예수님이/ 살고 있는
3. The wise men/ gave/ gifts/ to Jesus.
   그 동방박사들은/ 드렸어요/ 선물들을/ 예수님께
4. They/ got down on their knees/ to worship/ him.
   그들은/ 그들의 무릎을 꿇었어요/ 경배하기 위해서/ 그를
5. They/ knew/ he/ was going to be/ a great king.
   그들은/ 알았어요/ 그가/ 될 것이라는 것을/ 한 위대한 왕이

● 물음에 답하세요.

You can give Jesus a gift too. Tell him you love him!
여러분도 예수님께 하나의 선물을 드릴 수 있어요. 여러분이 예수님을 사랑한다고 예수님께 말씀드리세요.
Jesus, I give myself to you as a gift, because I love you.
예수님, 제가 예수님을 사랑하기 때문에 저를 선물로 예수님께 드립니다.

Unit 4

Some Wise Men Worship Baby Jesus
몇 명의 동방박사들이 아기 예수님을 경배하다

MEMO

Unit 5

Jesus' Family Leave for Egypt
예수님의 가족이 이집트로 떠나다

MEMO

An angel told Joseph that Jesus wasn't safe in Bethlehem.
한 천사가 요셉에게 말하기를 예수님이 베들레헴에서 안전하지 않다고 했어요.
Egypt was a safe place for Jesus.
이집트가 예수님께 안전한 곳이었어요.
So Joseph, Mary, and Jesus left for Egypt while it was still dark.
그래서 요셉과 마리아와 예수님이 아직 어두울 때 이집트로 떠났어요.
Joseph was glad that he could take good care of God's Son.
요셉은 그가 하나님의 아들을 잘 돌볼 수 있다는 것이 기뻤어요.

Matthew 2

● 낱말아, 너 무슨 뜻이니?

1. told : 말했다
5. was : 이었다

● 문장 안에 있는 낱말의 역할을 관찰해요.

1. An angel/ told/ Joseph/ that Jesus/ wasn't/ safe/ in Bethlehem.
   한 천사가/ 말했어요/ 요셉에게/ 예수님이/ 이지 않다고/ 안전한/ 베들레헴에서
2. Egypt/ was/ a safe place/ for Jesus.
   이집트가/ 이었어요/ 안전한 곳/ 예수님을 위해서
3. So Joseph, Mary, and Jesus/ left/ for Egypt/ while it/ was/ still/ dark.
   그래서 요셉과 마리아와 예수님은/ 떠났어요/ 이집트로/ 일 때/ 아직/ 어두운
4. Joseph/ was/ glad/ that he/ could take good care of/ God's Son.
   요셉은/ 이었어요/ 기쁜/ 그가/ 잘 돌볼 수 있다는 것이/ 하나님의 아들을

● 물음에 답하세요.

Who takes care of you?
누가 여러분을 돌보나요?
God helps my parents take good care of me.
하나님께서 나의 부모님이 나를 잘 돌보도록 도우셔요.

Jesus went to the temple with his family when he was twelve.

예수님께서 가족과 함께 성전에 가셨는데 그때 예수님은 12살이었어요.

The teachers were surprised at how much Jesus knew about God.

선생님들은 예수님께서 하나님에 대해서 얼마나 많이 알고 계신가에 놀랐어요.

They didn't know that Jesus was God's Son.

그들은 예수님이 하나님의 아들이신 것을 알지 못했어요.

No wonder he knew so much about God!

예수님께서 하나님에 대해서 그렇게 많이 아신 것은 조금도 놀랍지 않아요!

Luke 2

Unit 6

Twelve-year-old Jesus

12살 예수님

MEMO

● 낱말아, 너 무슨 뜻이니?

8. knew : 알았다

15. more : 더 많은 것

● 문장 안에 있는 낱말의 역할을 관찰해요.

1. Jesus/ went/ to the temple/ with his family/ when he/ was/ twelve.
   예수님께서/ 가셨어요/ 성전에/ 그의 가족과 함께/ 그가/ 이었을 때/ 12살
2. The teachers/ were/ surprised/ at how much/ Jesus/ knew/ about God.
   선생님들은/ 이었어요/ 놀란/ 얼마나/ 예수님께서/ 알고 있는 것에/ 하나님에 대해서
3. They/ didn't know/ that Jesus/ was/ God's Son.
   그들은/ 알지 못했어요/ 예수님이/ 이라는 것을/ 하나님의 아들
4. No wonder/ he/ knew/ so much/ about God!
   조금도 놀랍지 않아요/ 그가/ 알았다는 것이/ 그렇게 많이/ 하나님에 대해서

● 물음에 답하세요.

Where can you learn more about God?

여러분은 어디에서 하나님에 대해 더 많이 배울 수 있나요?

I can learn more about God in my church meetings.

나는 나의 교회 모임에서 하나님에 대해서 더 많은 것을 배울 수 있어요.

Unit 7

John Baptizes Jesus
세례 요한이 예수님께 세례를 베풀다

MEMO

John the Baptist was Jesus' cousin.
세례 요한은 예수님의 사촌이었어요.
When Jesus grew up, he asked John to baptize him in the Jordan River.
예수님께서 어른이 되셨을 때, 요단강에서 세례 요한에게 세례를 받게 해 달라고 부탁했어요.
Then the Holy Spirit came down from heaven as a beautiful dove.
그때 성령이 아름다운 비둘기처럼 하늘에서 내려오셨어요.
And God said to Jesus, "You are my dear Son. I am very pleased with you."
그리고 하나님께서 예수님께 말씀하셨어요. "너는 나의 사랑하는 아들이다. 내가 너 때문에 아주 기쁘다."

Luke 3

● 낱말아, 너 무슨 뜻이니?

3. When : ~인 때
11. to Jesus : 예수님에게

● 문장 안에 있는 낱말의 역할을 관찰해요.

1. John the Baptist/ was/ Jesus' cousin.
   세례 요한은/ 이었어요/ 예수님의 사촌
2. When Jesus/ grew up,/ he/ asked/ John/ to baptize/ him/ in the Jordan River.
   예수님께서/ 어른이 되셨을 때/ 그는/ 부탁했어요/ 요한에게/ 세례를 줄 것을/ 그에게/ 요단강에서
3. Then/ the Holy Spirit/ came down/ from heaven/ as a beautiful dove.
   그때에/ 성령이/ 내려오셨어요/ 하늘에서/ 한 마리의 아름다운 비둘기처럼
4. And God/ said/ to Jesus,/ "You/ are/ my dear Son./ I/ am/ very pleased/ with you."
   그리고 하나님께서/ 말씀하셨어요/ 예수님께/ "너는/ 이다/ 나의 사랑하는 아들/ 나는/ 이다/ 아주 기쁜/ 너 때문에."

● 물음에 답하세요.

What did God tell Jesus?
하나님께서는 예수님께 무슨 말씀을 하셨나요?
God said that Jesus is His dear Son, and He is very pleased with Jesus.
하나님께서는 예수님이 하나님의 사랑하는 아들이고 하나님께서 예수님 때문에 기뻐한다고 하셨어요.

Jesus chose twelve men to be his disciples.
예수님께서는 열두 명의 남자들을 그의 제자들이 되도록 선택하셨어요.
They went with him everywhere.
그들은 예수님과 함께 어디든지 갔어요.
They saw him do many miracles, like making blind people see.
그들은 예수님께서 눈먼 사람들이 보게 하시는 것 같은 많은 기적들을 행하시는 것을 보았어요.
He taught them about God.
예수님은 하나님에 대해서 제자들에게 가르치셨어요.
And he told them about heaven, where he lived before he came to earth.
그리고 그는 제자들에게 천국에 대해서 말씀하셨는데, 그가 이 세상에 오시기 전에 그곳에서 사셨어요.
He was their friend.
그는 제자들의 친구였어요.
You can be Jesus' friend too.
여러분도 예수님의 친구가 될 수 있어요. John 1

● 낱말아, 너 무슨 뜻이니?

1. John : 요한복음
6. many : 많은
16. Jesus' friend : 예수님의 친구

● 문장 안에 있는 낱말의 역할을 관찰해요.

1. Jesus/ chose/ twelve men/ to be his disciples.
예수님께서는/ 선택하셨어요/ 열두 명의 남자들을/ 그의 제자들이 되도록
2. They/ went/ with him/ everywhere.
그들은/ 갔어요/ 그와 함께/ 어디든지
3. They/ saw/ him/ do/ many miracles,/ like making/ blind people/ see.
그들은/ 보았어요/ 그가/ 행하시는 것을/ 많은 기적들을/ 하는 것과 같은/ 눈먼 사람들이/ 보게
4. He/ taught/ them/ about God.
그는/ 가르쳤어요/ 그들에게/ 하나님에 대해서
5. And he/ told/ them/ about heaven,/ where he/ lived/ before he/ came/ to earth.
그리고 그는/ 말했어요/ 그들에게/ 천국에 대해서/ 그가/ 살았던/ 그가/ 오시기 전에/ 이 세상으로
6. He/ was/ their friend.
그는/ 이었어요/ 그들의 친구
7. You/ can be/ Jesus' friend/ too.
여러분도/ 될 수 있어요/ 예수님의 친구가/ 역시

● 물음에 답하세요.

Would you like to be Jesus' friend?
여러분은 예수님의 친구가 되고 싶은가요?
Yes, I would like to (be Jesus' friend).
네, 나는 (예수님의 친구가) 되고 싶어요.

Unit 8
The Twelve Disciples
12제자들

MEMO

Unit 9

The Fishermen Follows Jesus
어부들이 예수님을 따르다

MEMO

Jesus got into a boat with some fishermen.
예수님께서는 어부 몇 명이 있는 배에 타셨어요.
They had been fishing all night without catching anything.
어부들은 아무것도 잡지 못하고 밤새도록 고기잡이를 하고 있었어요.
Jesus told them to try again.
예수님께서 그들에게 다시 해 보라고 말씀하셨어요.
The men listened to Jesus, and they caught more fish than their nets could hold!
어부들은 예수님의 말씀을 따랐어요. 그래서 어부들은 그들의 그물이 담을 수 있는 것보다 더 많은 물고기를 잡았어요.
The fishermen were very surprised.
그 어부들은 매우 놀랐어요.
They decided to follow Jesus.
그들은 예수님을 따르기로 했어요.

Luke 5

● 낱말아, 너 무슨 뜻이니?

2. a boat : 하나의 배
13. fish : 물고기

● 문장 안에 있는 낱말의 역할을 관찰해요.

1. Jesus/ got into/ a boat/ with some fishermen.
   예수님께서/ 타셨어요/ 한 배에/ 몇 명의 어부들이 있는
2. They/ had been fishing/ all night/ without catching/ anything.
   그들은/ 고기잡이를 하고 있었어요/ 밤새도록/ 잡지 못하고/ 아무것도
3. Jesus/ told/ them/ to try/ again.
   예수님께서/ 말씀했어요/ 그들에게/ 해 보라고/ 다시
4. The men/ listened to/ Jesus,/ and they/ caught/ more fish/ than their nets/ could hold!
   그 사람들은/ 따랐어요/ 예수님을,/ 그래서 그들은/ 잡았어요/ 더 많은 물고기를/ 그들의 그물이/ 담을 수 있는 것보다
5. The fishermen/ were/ very/ surprised.
   그 어부들은/ 이었어요/ 매우/ 놀란
6. They/ decided/ to follow/ Jesus.
   그들은/ 결심했어요/ 따를 것을/ 예수님을

● 물음에 답하세요.

Why did the fishermen follow Jesus?
왜 그 어부들은 예수님을 따라갔나요?
Because with Jesus they were able to do what they normally could not.
왜냐하면 그들이 예수님과 함께했을 때 평소에 할 수 없었던 일을 할 수 있었기 때문이에요.

Unit 10

Four Friends of a Paralyzed Man
중풍병자의 네 친구들

MEMO

Jesus was teaching a large crowd.
예수님께서 많은 사람들을 가르치고 계셨어요.
Four men wanted Jesus to help a friend who couldn't walk.
네 사람은 예수님께서 걷지 못하는 친구를 도와주시기를 원했어요.
So they lowered him through the roof.
그래서 그들은 지붕으로 친구를 내렸어요.
They set him down in front of Jesus.
네 사람은 친구를 예수님 앞에 내려놓았어요.
First Jesus forgave the man's sins.
먼저 예수님께서는 그 사람의 죄를 용서해 주셨어요.
Then he told the man to get up and walk, and he did!
그 뒤에 예수님께서는 그 사람에게 일어나서 걸으라고 하셨어요. 그러자 그가 일어나서 걸었어요.
Everyone thanked God!
모든 사람이 하나님께 감사드렸어요. Luke 5

● 낱말아, 너 무슨 뜻이니?

15. Everyone : 모든 사람
16. thanked : 감사했다

● 문장 안에 있는 낱말의 역할을 관찰해요.

1. Jesus/ was teaching/ a large crowd.
예수님께서/ 가르치고 계셨어요/ 많은 사람들을
2. Four men/ wanted/ Jesus/ to help/ a friend/ who couldn't walk.
네 사람은/ 원했어요/ 예수님께서/ 도와주실 것을/ 한 친구를/ 걸을 수 없는
3. So they/ lowered/ him/ through the roof.
그래서 그들은/ 내렸어요/ 그를/ 지붕을 통해
4. They/ set him down/ in front of Jesus.
그들은/ 그를 내려놓았어요/ 예수님 앞에
5. First/ Jesus/ forgave/ the man's sins.
먼저/ 예수님께서는/ 용서해 주셨어요/ 그 사람의 죄들을
6. Then/ he/ told/ the man/ to get up and walk,/ and he/ did!
그 뒤에/ 그는/ 말씀했어요/ 그 사람에게/ 일어나서 걸으라고,/ 그러자 그가/ 일어나서 걸었어요
7. Everyone/ thanked/ God!
모든 사람이/ 감사드렸어요/ 하나님께

● 물음에 답하세요.

What did Jesus do for the man who couldn't walk?
예수님께서는 걷지 못하는 사람을 위해서 무엇을 하셨나요?
Jesus forgave the man's sins and then made him get up and walk.
예수님께서 그 사람의 죄를 용서하시고, 그가 일어나서 걸을 수 있게 하셨어요.

Unit 11

Jesus Heals the Roman Soldier's Servant
예수님께서 로마 백부장의 하인을 치료하시다

MEMO

A Roman soldier asked Jesus to heal his servant, who was very sick.
한 로마 백부장이 예수님께 매우 아픈 그의 하인을 고쳐 달라고 부탁드렸어요.
Jesus said he would come to the soldier's house.
예수님께서 백부장의 집으로 가시겠다고 말씀하셨어요.
But the soldier believed that Jesus could stay where he was and just say "Be healed."
그러나 백부장은 예수님께서 그가 계신 곳에서 그냥 "나으라"고 말씀하실 수 있다고 믿었어요.
So Jesus did.
그래서 예수님께서 그렇게 하셨어요.
And the servant got well as soon as Jesus said this!
그러자 그 하인이 예수님께서 이것을 말씀하시자마자 나았어요!

Matthew 8

● 낱말아, 너 무슨 뜻이니?

1. Matthew : 마태복음
11. So : 그래서

● 문장 안에 있는 낱말의 역할을 관찰해요.

1. A Roman soldier/ asked/ Jesus/ to heal/ his servant,/ who was/ very sick.
   한 로마 군인이/ 부탁드렸어요/ 예수님께/ 고쳐 주실 것을/ 그의 하인을/ 그리고 그는 이었어요/ 매우 아픈
2. Jesus/ said/ he/ would come/ to the soldier's house.
   예수님께서/ 말씀하셨어요/ 그가/ 가실 것이라고/ 그 군인의 집으로
3. But the soldier/ believed/ that Jesus/ could stay/ where he/ was/ and just say/ "Be healed."
   그러나 그 군인은/ 믿었어요/ 예수님께서/ 머무실 수 있고/ 그가/ 있는 곳에/ 그리고 그냥 말씀하실 수 있다고/ "나으라"
4. So Jesus/ did.
   그래서 예수님께서/ 그렇게 하셨어요.
5. And the servant/ got well/ as soon as Jesus/ said/ this!
   그러자 그 하인이/ 나았어요/ 예수님께서/ 말씀하시자마자/ 이것을

● 물음에 답하세요.

What did the soldier believe Jesus could do?
백부장은 예수님께서 무슨 일을 하실 수 있다고 믿었나요?
He believed that Jesus could heal his servant by just saying where he was.
백부장은 예수님께서 그가 계신 곳에서 말씀하시는 것만으로도 그의 하인을 고치실 수 있다고 믿었어요.

Unit 12

Jesus Heals the Little Girl
예수님께서 어린 소녀를 치료하시다

The father of a very sick little girl begged Jesus to make his daughter well again.
매우 아픈 어린 소녀의 아버지가 예수님께 딸이 낫게 해 달라고 간청했어요.
On the way to her house, Jesus heard that the little girl had died.
소녀의 집으로 가는 중에, 예수님께서는 그 어린 소녀가 죽은 것을 들으셨어요.
Jesus went to her house anyway.
예수님께서는 어쨌든 소녀의 집으로 가셨어요.
He said, "Get up, my child!"
예수님께서 말씀하셨어요. "일어나라, 아이야!"
The little girl stood up.
그 어린 소녀가 일어섰어요.
She was alive and well again!
소녀는 다시 살아서 건강했어요! Luke 8

● 낱말아, 너 무슨 뜻이니?

1. Heals : 치료하다
8. again : 다시

● 문장 안에 있는 낱말의 역할을 관찰해요.

1. The father of a very sick little girl/ begged/ Jesus/ to make/ his daughter/ well/ again.
매우 아픈 어린 소녀의 아버지가/ 간청했어요/ 예수님께/ 되게 해 주실 것을/ 그의 딸을/ 건강하게/ 다시
2. On the way to her house,/ Jesus/ heard/ that the little girl/ had died.
그녀의 집으로 가는 중에/ 예수님께서/ 들으셨어요/ 그 어린 소녀가/ 죽었다고
3. Jesus/ went/ to her house/ anyway.
예수님께서/ 가셨어요/ 그녀의 집으로/ 어쨌든
4. He/ said,/ "Get up, my child!"
그가/ 말씀하셨어요/ "일어나라, 나의 아이야!"
5. The little girl/ stood up.
그 어린 소녀는/ 일어섰어요.
6. She/ was/ alive and well/ again!
그녀는/ 이었어요/ 살아서 건강한/ 다시

● 물음에 답하세요.

What did Jesus do for a little girl who died?
예수님께서는 죽은 어린 소녀를 위해 무엇을 하셨나요?
Jesus went to her house and made her alive and well again!
예수님께서는 그 소녀의 집으로 가셔서 소녀를 살리시고 건강하게 하셨어요.

MEMO

Unit 13

Jesus Heals a Blind Man at Bethsaida
예수님께서 벳새다에서 눈먼 남자를 치료하시다

MEMO

This man was blind.
이 남자는 앞을 못 보았어요.
He couldn't see anything.
그는 아무것도 볼 수 없었어요.
His friends brought him to Jesus.
그의 친구들은 그를 예수님께 데려왔어요.
They asked Jesus to touch the man and heal him.
그들은 예수님께 그 남자를 만지시고 그를 고쳐 달라고 부탁드렸어요.
Jesus put his hands on the man's eyes.
예수님께서 그의 손을 그 남자의 눈에 얹었어요.
Suddenly he could see everything clearly!
갑자기 그는 모든 것을 분명하게 볼 수 있었어요.

Mark 8

● 낱말아, 너 무슨 뜻이니?

6. to Jesus : 예수님께
8. the man : 그 남자
11. his hands : 그의 손들

● 문장 안에 있는 낱말의 역할을 관찰해요.

1. This man/ was/ blind.
   이 남자는/ 이었어요/ 눈이 먼
2. He/ couldn't see/ anything.
   그는/ 볼 수 없었어요/ 아무것도
3. His friends/ brought/ him/ to Jesus.
   그의 친구들은/ 데려왔어요/ 그를/ 예수님께
4. They/ asked/ Jesus/ to touch/ the man/ and heal/ him.
   그들은/ 부탁드렸어요/ 예수님께/ 만지시기를/ 그 남자를/ 그리고 고쳐 주시기를/ 그를
5. Jesus/ put/ his hands/ on the man's eyes.
   예수님께서/ 얹었어요/ 그의 손을/ 그 남자의 눈 위에
6. Suddenly/ he/ could see/ everything/ clearly!
   갑자기/ 그는/ 볼 수 있었어요/ 모든 것을/ 분명하게

● 물음에 답하세요.

What did the blind man's friends do for him?
눈먼 사람의 친구들은 그를 위해서 무엇을 했나요?
His friends brought him to Jesus, and then they asked Jesus to touch the man and heal him.
그의 친구들은 그를 예수님께로 데려와서 예수님께 그 남자를 만지시고 그를 고쳐 달라고 부탁드렸어요.

Look at the big waves!
큰 파도를 보세요!
The disciples' small boat was about to sink.
제자들의 작은 배가 곧 가라앉으려고 했어요.
Jesus was quietly sleeping in the boat.
예수님께서는 배 안에서 조용히 주무시고 계셨어요.
"Wake up!" his disciples yelled.
"일어나세요!" 예수님의 제자들이 큰 소리로 외쳤어요.
They were afraid.
제자들은 두려워했어요.
Jesus got up and told the storm to stop.
예수님께서 일어나셔서 폭풍에게 그치라고 명령하셨어요.
Then the waves became calm and quiet.
그때 파도가 잔잔하고 고요하게 되었어요.
Jesus could do wonderful things like that.
예수님께서는 그런 놀라운 일들을 하실 수 있었어요.

Luke 8

● 낱말아, 너 무슨 뜻이니?

6. small boat : 작은 배
10. his disciples : 그의 제자들
18. like : ~과 같은

● 문장 안에 있는 낱말의 역할을 관찰해요.

1. Look at/ the big waves!
보세요/ 큰 파도들을
2. The disciples' small boat/ was about to sink.
제자들의 작은 배가/ 곧 가라앉으려고 했어요.
3. Jesus/ was quietly sleeping/ in the boat.
예수님께서는/ 조용히 주무시고 계셨어요/ 배 안에서
4. "Wake up!"/ his disciples/ yelled.
"일어나세요!"/ 그의 제자들이/ 큰 소리로 외쳤어요.
5. They/ were/ afraid.
그들은/ 이었어요/ 두려워하는
6. Jesus/ got up and told/ the storm/ to stop.
예수님께서/ 일어나셔서 명령하셨어요/ 그 폭풍에게/ 그칠 것을
7. Then/ the waves/ became/ calm and quiet.
그때/ 파도가/ 되었어요/ 잔잔하고 고요한
8. Jesus/ could do/ wonderful things/ like that.
예수님께서는/ 하실 수 있었어요/ 놀라운 일들을/ 그런 일 같은

● 물음에 답하세요.

What did Jesus tell the storm to do?
예수님께서는 폭풍에게 무엇이라고 명령하셨나요?
Jesus told the storm to stop.
예수님께서 폭풍에게 그치라고 명령하셨어요.

Unit 14

Jesus Tells the Storm To Be Quiet
예수님께서 폭풍에게 잠잠하라 말씀하시다

MEMO

Unit 15

Jesus Feeds the Five Thousand
예수님께서 오천 명을 먹이시다

MEMO

*빈칸에 여러분이 예수님께 드리고 싶은 것을 넣어보세요.

I can give____________to Jesus.

나는 예수님께 ____________를 드릴 수 있어요.

A big crowd of people followed Jesus.
  많은 사람들이 예수님을 뒤따랐어요.
When they got hungry there were no stores to buy food.
  그들이 배고파졌을 때 거기에는 음식을 살 아무 가게도 없었어요.
A boy gave his lunch of five pieces of bread and two fish to Jesus.
  한 소년이 자기의 점심인 빵 다섯 조각과 물고기 두 마리를 예수님께 드렸어요.
Then Jesus made the bread and fish become thousands of pieces.
  그때 예수님께서 빵과 물고기가 수천 개의 조각들이 되게 하셨어요.
Everybody had enough to eat.
  모든 사람들이 먹을 충분한 양을 가졌어요.
There were even leftovers!
  남은 음식도 있었어요. John 6

● 낱말아, 너 무슨 뜻이니?

10. A boy : 한 소년
16. Everybody : 모든 사람

● 문장 안에 있는 낱말의 역할을 관찰해요.

1. A big crowd of people/ followed/ Jesus.
   많은 사람들이/ 뒤따랐어요/ 예수님을
2. When they/ got/ hungry/ there/ were/ no stores/ to buy/ food.
   그들이/ 되었을 때/ 배고픈/ 거기에는/ 없었어요*/ 아무 가게들도/ 살/ 음식을 (*no의 영향으로)
3. A boy/ gave/ his lunch/ of five pieces of bread and two fish/ to Jesus.
   한 소년이/ 드렸어요/ 그의 점심을,/ 즉 빵 다섯 조각과 물고기 두 마리를/ 예수님께
4. Then/ Jesus/ made/ the bread and fish/ become/ thousands of pieces.
   그때/ 예수님께서/ 하셨어요/ 그 빵과 물고기가/ 되게/ 수천 개의 조각들이
5. Everybody/ had/ enough/ to eat.
   모든 사람이/ 가졌어요/ 충분한 양을/ 먹을
6. There/ were/ even leftovers!
   거기에는/ 있었어요/ 남은 음식도

● 물음에 답하세요.

The boy gave his lunch to Jesus. Can you think of something you can give Jesus?
  그 소년은 그의 점심을 예수님께 드렸어요. 여러분이 예수님께 드릴 수 있는 것을 떠올려볼 수 있나요?
I can give my life to Jesus.
  나는 나의 삶을 예수님께 드릴 수 있어요.

A woman whose husband died had only two pennies.
남편이 죽은 한 여인은 겨우 두 페니(1,600원)만 가지고 있었어요.
Instead of buying something to eat, she put them in the church collection box.
먹을 것을 사는 대신, 그녀는 교회 헌금함에 그 돈을 넣었어요.
She did this because she loved God.
그녀는 하나님을 사랑해서 이런 일을 했어요.
Jesus said she gave more than the rich men who put in many dollars.
예수님께서는 그녀가 많은 달러들(몇 만원)을 넣은 부자들보다 더 많은 것을 드렸다고 말씀하셨어요.
She put in all she had.
그녀는 그녀가 가진 모든 것을 넣었어요.
But the rich men gave God only a tiny part of their money.
그러나 부자들은 그들의 돈 중에서 오직 작은 부분만을 하나님께 드렸지요. Luke 21

● 낱말아, 너 무슨 뜻이니?
3. A woman : 한 여자
16. their money : 그들의 돈

● 문장 안에 있는 낱말의 역할을 관찰해요.
1. A woman/ whose husband/ died/ had/ only two pennies.
한 여자가/ 그녀의 남편이/ 죽은/ 가지고 있었어요/ 두 페니만(1,600원만)
2. Instead of buying/ something to eat,/she/ put/ them/ in the church collection box.
사는 것 대신에/ 먹을 것을/ 그녀는/ 넣었어요/ 그것들을/ 교회 헌금함 안에
3. She/ did/ this/ because she/ loved/ God.
그녀는/ 했어요/ 이것을/ 왜냐하면 그녀는/ 사랑했기 때문에/ 하나님을
4. Jesus/ said/ she/ gave/ more/ than the rich men/ who put in/ many dollars.
예수님께서/ 말씀하셨어요/ 그녀가/ 드렸다고/ 더 많은 것을/ 그 부자들보다/ 넣은/ 많은 달러들을(몇 만원을)
5. She/ put in/ all/ she/ had.
그녀는/ 넣었어요/ 모든 것을/ 그녀가/ 가진
6. But the rich men/ gave/ God/ only/ a tiny part/ of their money.
그러나 부자들은/ 드렸어요/ 하나님께/ 오직/ 아주 작은 부분을/ 그들의 돈 중에서

● 물음에 답하세요.
What can you give God to show him you love him?
여러분은 하나님을 사랑하는 것을 보여 드리기 위해서 무엇을 하나님께 드릴 수 있나요?
I can give God my heart, my praise, my time, my money and so on.
나는 하나님께 나의 마음과 나의 찬양과 나의 시간과 나의 돈과 다른 것들을 드릴 수 있어요.

Unit 16
Jesus Teaches about Giving
예수님께서 헌금에 대해서 가르치시다

MEMO

Unit 17

Jesus Blesses Little Children
예수님께서 어린아이들을 축복하시다

MEMO

Some mothers brought their little children to Jesus.
몇 명의 어머니들이 그들의 어린 자녀들을 예수님께 데려왔어요.
They wanted him to touch and bless them.
그들은 예수님께서 자기들의 자녀들을 만져 주시고 축복하시기를 원했어요.
Jesus' disciples told the mothers not to bother Jesus.
예수님의 제자들은 그 어머니들에게 예수님을 귀찮게 하지 말라고 말했어요.
But Jesus loved children.
그러나 예수님께서는 어린이들을 사랑하셨어요.
He called them to come to him.
예수님께서 어린이들을 그에게 오라고 부르셨어요.
Jesus said children can believe in him and love him even when they are little.
예수님께서 어린이들이 어릴 때도 예수님을 믿고 사랑할 수 있다고 말씀하셨어요.

Luke 18

● 낱말아, 너 무슨 뜻이니?

6. them : 그들을
9. to him : 그에게

● 문장 안에 있는 낱말의 역할을 관찰해요.

1. Some mothers/ brought/ their little children/ to Jesus.
   몇 명의 어머니들이/ 데려왔어요/ 그들의 어린 자녀들을/ 예수님께
2. They/ wanted/ him/ to touch and bless/ them.
   그들은/ 원했어요/ 그가/ 만지시고 축복할 것을/ 그들을
3. Jesus' disciples/ told/ the mothers/ not to bother/ Jesus.
   예수님의 제자들은/ 말했어요/ 그 어머니들에게/ 귀찮게 하지 말 것을/ 예수님을
4. But Jesus/ loved/ children.
   그러나 예수님께서는/ 사랑하셨어요/ 어린이들을
5. He/ called/ them/ to come/ to him.
   그는/ 부르셨어요/ 그들을/ 오라고/ 그에게
6. Jesus/ said/ children/ can believe in/ him and love/ him/ even when they/ are/ little.
   예수님께서/ 말씀하셨어요/ 어린이들이/ 믿을 수 있고/ 그를/ 그리고 사랑할 수 있다고/ 그를/ 그들이/ 일 때조차/ 어린

● 물음에 답하세요.

Do you love Jesus?
여러분은 예수님을 사랑하나요?
Yes, I love Jesus.
네, 나는 예수님을 사랑해요.

This man was hurt by men who stole his money.
이 사람은 그의 돈을 훔쳐간 남자들에 의해 다쳤어요.
They left him in the ditch half dead.
그들은 반쯤 죽은 채로 도랑에 빠진 그를 버려두었어요.
A man he didn't like saw him there.
그가 좋아하지 않았던 한 남자가 그를 거기에서 보았어요.
This man put bandages on his cuts.
이 사람이 그의 상처에 붕대를 댔어요.
Then he put the man on his donkey and took him to town.
그러고는 도둑맞은 사람을 당나귀에 싣고 마을로 데려갔어요.
He took care of him.
그 사람은 그를 돌보았어요.
We call the man who helped him the Good Samaritan.
우리는 그를 도와준 그 사람을 선한 사마리아인이라고 불러요.

Luke 10

Unit 18

Parable of the Good Samaritan
선한 사마리아인의 비유

MEMO

● 낱말아, 너 무슨 뜻이니?

6. his money : 그의 돈

● 문장 안에 있는 낱갈의 역할을 관찰해요.

1. This man/ was hurt/ by men/ who stole/ his money.
   이 남자는/ 상처를 입었어요/ 남자들에 의해/ 훔쳐간/ 그의 돈을
2. They/ left/ him/ in the ditch/ half dead.
   그들은/ 버려두었어요/ 그를/ 도랑에/ 반쯤 죽은 채로
3. A man/ he/ didn't like/ saw/ him/ there.
   한 남자가/ 그가/ 좋아하지 않았던/ 보았어요/ 그를/ 거기에서
4. This man/ put bandages/ on his cuts.
   이 남자는/ 붕대들을 댔어요/ 그의 상처들 위에
5. Then/ he/ put/ the man/ on his donkey/ and took/ him/ to town.
   그러고는/ 그는/ 태웠어요/ 그 남자를/ 그의 나귀 위에/ 그리고 데려갔어요/ 그를/ 마을로
6. He/ took care of/ him.
   그는/ 돌보았어요/ 그를
7. We/ call/ the man/ who helped/ him/ the Good Samaritan.
   우리는/ 불러요/ 그 남자를/ 도와준/ 그를/ 선한 사마리아인이라고

● 물음에 답하세요.

How can you help someone like a Good Samaritan?
여러분은 어떻게 선한 사마리아인처럼 누군가를 도울 수 있나요?

When people need help, we help them no matter who they are.
우리는 사람들이 도움이 필요할 때 그들이 누구인지에 상관없이 도와주지요.

Unit 19

Mary and Martha
마리아와 마르다

MEMO

Jesus liked to visit two sisters, Mary and Martha.
예수님께서는 마리아와 마르다, 두 자매들을 방문하시기를 좋아하셨어요.
Martha worked hard in the kitchen making dinner for Jesus.
마르다는 예수님을 위해서 만찬을 만드느라 부엌에서 열심히 일했어요.
Mary just wanted to talk with him and learn more about God.
마리아는 예수님과 이야기하고 하나님에 대해 더 많은 것을 배우기만 원했어요.
Martha scolded Mary for not helping her.
마르다는 자기를 돕지 않는 것 때문에 마리아를 꾸짖었어요.
But Jesus said Mary was doing the right thing by listening to him.
그러나 예수님께서는 마리아가 예수님의 말씀을 듣는 것으로 옳은 일을 하고 있었다고 말씀하셨어요.
We listen to Jesus when we read the Bible.
우리는 우리가 성경을 읽을 때, 예수님의 말씀을 듣지요.

Luke 10

● 낱말아, 너 무슨 뜻이니?

1. Mary : 마리아
9. for Jesus : 예수님을 위해서
12. about God : 하나님에 대해서
19. the Bible : 성경

● 문장 안에 있는 낱말의 역할을 관찰해요.

1. Jesus/ liked/ to visit/ two sisters,/ Mary and Martha.
예수님께서는/ 좋아하셨어요/ 방문하기를/ 두 자매들/ 마리아와 마르다를
2. Martha/ worked/ hard/ in the kitchen/ making/ dinner/ for Jesus.
마르다는/ 일했어요/ 열심히/ 부엌에서/ 만드느라/ 만찬을/ 예수님을 위해
3. Mary/ just wanted/ to talk/ with him/ and learn/ more/ about God.
마리아는/ 단지 원했어요/ 말하기를/ 그와/ 그리고 배우기를/ 더 많은 것을/ 하나님에 대해서
4. Martha/ scolded/ Mary/ for not helping/ her.
마르다는/ 꾸짖었어요/ 마리아를/ 안 도와주는 것 때문에/ 그녀를
5. But Jesus/ said/ Mary/ was doing/ the right thing/ by listening to/ him.
그러나 예수님이/ 말씀하셨어요/ 마리아가/ 하고 있었다고/ 옳은 일을/ 듣는 것으로/ 그를
6. We/ listen to/ Jesus/ when we/ read/ the Bible.
우리는/ 들어요/ 예수님을/ 우리가/ 읽을 때/ 성경을

● 물음에 답하세요.

How can you listen to Jesus?
여러분은 어떻게 예수님의 말씀을 들을 수 있나요?
I can listen to Jesus by reading the Bible.
저는 성경을 읽는 것으로 예수님의 말씀을 들을 수 있어요.

People didn't like Zacchaeus.
사람들은 삭개오를 좋아하지 않았어요.
He cheated them out of their money.
삭개오는 사람들을 속여서 돈을 빼앗았어요.
But Zacchaeus wanted to see Jesus.
그러나 삭개오는 예수님을 보고 싶었어요.
He was too short to see over the crowd, so he climbed a tree.
삭개오는 무리 너머로 보기에는 너무 키가 작아서 나무 위로 올라갔어요.
When Jesus walked by, he looked up and told Zacchaeus, "I'm coming to your house."
예수님께서 옆으로 지나가실 때 쳐다보시고 삭개오에게 "내가 너의 집에 가겠다"고 말씀하셨어요.
After Zacchaeus met Jesus, he stopped cheating people.
예수님을 만난 후에, 삭개오는 사람들을 속이기를 멈췄어요.
Luke 19

● 낱말아, 너 무슨 뜻이니?
3. People : 사람들
8. a tree : 한 나무

● 문장 안에 있는 낱말의 역할을 관찰해요.
1. People/ didn't like/ Zacchaeus.
사람들은/ 좋아하지 않았어요/ 삭개오를
2. He/ cheated/ them/ out of their money.
그는/ 속여서 가졌어요/ 그들을/ 그들의 돈에서
3. But Zacchaeus/ wanted/ to see/ Jesus.
그러나 삭개오는/ 원했어요/ 보기를/ 예수님을
4. He/ was/ too short to see/ over the crowd,/ so he/ climbed/ a tree.
그는/ 이었어요/ 보기엔 너무 작은/ 많은 사람들 너머로/ 그래서 그는/ 올라갔어요/ 한 나무를
5. When Jesus/ walked by,/ he/ looked up and told/ Zacchaeus,/ "I'm coming/ to your house."
예수님께서/ 옆으로 지나가셨을 때/ 그가/ 보시고 말씀하셨어요/ 삭개오에게,/ "내가/ 갈 것이다/ 너의 집에"
6. After Zacchaeus/ met/ Jesus,/ he/ stopped/ cheating/ people.
삭개오가/ 만난 후에/ 예수님을,/ 그는/ 멈추었어요/ 속이는 것을/ 사람들을

● 물음에 답하세요.
What did Jesus tell Zacchaeus?
예수님께서는 삭개오에게 뭐라고 말씀하셨나요?
He said that he would go to Zacchaeus' house.
예수님께서 삭개오의 집에 가시겠다고 말씀하셨어요.

Unit 20
Zacchaeus the Tax Collector
세리 삭개오

MEMO

Unit 21

The Triumphal Entry of Jesus into Jerusalem
예수님의 예루살렘으로의 승리의 입성

MEMO

One day Jesus rode a donkey into Jerusalem.
어느 날 예수님께서는 예루살렘으로 당나귀를 타고 가셨어요.
Children sang about how wonderful Jesus was.
어린이들이 예수님이 얼마나 훌륭하신가에 대해 노래했어요.
Many people waved palm branches.
많은 사람들이 종려나무 가지들을 흔들었어요.
They thanked God for Jesus.
사람들은 예수님 때문에 하나님께 감사드렸어요.
They wanted Jesus to be their new king.
그들은 예수님께서 그들의 새 왕이 되시기를 원했어요.

Luke 19

● 낱말아, 너 무슨 뜻이니?

3. One day : 어느 날
6. Children : 어린이들

● 문장 안에 있는 낱말의 역할을 관찰해요.

1. One day/ Jesus/ rode/ a donkey/ into Jerusalem.
   어느 날/ 예수님께서/ 타고 가셨어요/ 한 당나귀를/ 예루살렘으로
2. Children/ sang/ about how wonderful Jesus was.
   어린이들이/ 불렀어요/ 예수님이 얼마나 훌륭하신가에 대해서
3. Many people/ waved/ palm branches.
   많은 사람들이/ 흔들었어요/ 종려나무 가지들을
4. They/ thanked/ God/ for Jesus.
   그들은/ 감사드렸어요/ 하나님께/ 예수님 때문에
5. They/ wanted/ Jesus/ to be/ their new king.
   그들은/ 원했어요/ 예수님께서/ 되시기를/ 그들의 새 왕이

● 물음에 답하세요.

Tell God how wonderful Jesus is!
하나님께 예수님이 얼마나 훌륭하신지 말씀 드리세요!
Dear God, I think Jesus is wonderful as he became my best friend forever.
사랑의 하나님, 저는 예수님께서 저의 영원한 친구가 되어 주실 만큼 훌륭하시다고 생각해요.
(정답이 없으니 우리말로 또는 영어로 자유롭게 말씀드린다.)

Unit 22

The Last Supper
마지막 만찬

One night during supper, Jesus told his disciples it was the last meal he would eat with them on earth.

어느 날 밤, 저녁 식사 중에 예수님께서 그의 제자들에게 그것이 예수님께서 그들과 이 세상에서 드실 마지막 식사라고 말씀하셨어요.

He knew soldiers would take him away that night, and they would kill him.

예수님께서는 병사들이 자기를 그날 밤에 붙잡아가서 죽일 것을 아셨어요.

Jesus died for you and me, so that God can forgive us for the bad things we do.

예수님께서는 하나님께서 우리가 행한 나쁜 일들에 대해서 우리를 용서하실 수 있도록 하기 위해서 여러분과 나를 위해 돌아가셨어요.

Luke 22

● 낱말아, 너 무슨 뜻이니?

2. One night : 어느 날 밤
4. his disciples : 그의 제자들

● 문장 안에 있는 낱말의 역할을 관찰해요.

1. One night/ during supper,/ Jesus/ told/ his disciples/ it/ was/ the last meal/ he/ would eat/ with them/ on earth.
   어느 날 밤/ 저녁 식사 중에/ 예수님께서/ 말씀하셨어요/ 그의 제자들에게/ 그것이/ 이라고/ 마지막 식사/ 그가/ 드실/ 그들과 함께/ 이 세상에서
2. He/ knew/ soldiers/ would take him away/ that night,/ and they/ would kill/ him.
   그는/ 아셨어요/ 병사들이/ 그를 붙잡아갈 것을/ 그날 밤에/ 그리고 그들이/ 죽일 것을/ 그를
3. Jesus/ died/ for you and me,/ so that God/ can forgive/ us/ for the bad things/ we/ do.
   예수님께서/ 죽으셨어요/ 여러분과 나를 위해서/ 하나님께서/ 용서하시도록/ 우리를/ 나쁜 일들에 대해서/ 우리가/ 행한

● 물음에 답하세요.

Why was this the last meal Jesus would eat on earth with his disciples?

왜 예수님은 제자들과 이 세상에서 먹는 마지막 식사를 하셨나요?

Because he knew soldiers would take him away that night, and they would kill him.

예수님께서는 병사들이 자기를 그날 밤에 데려가서 죽일 것을 아셨기 때문이지요.

MEMO

Unit 23

Jesus Prays in Gethsemane
예수님께서 겟세마네에서 기도하시다

MEMO

After supper Jesus took his disciples to a garden to pray.
만찬 후에 예수님께서는 기도하기 위해서 제자들을 동산에 데려가셨어요.
Jesus felt very sad.
예수님께서는 매우 슬프셨어요.
He knew the soldiers were coming soon.
예수님께서는 병사들이 곧 올 것을 아셨어요.
He knelt down and prayed for God to help him.
예수님께서는 무릎을 꿇고 하나님께서 그를 도와주시기를 기도드렸어요.
His disciples were no help - they all fell asleep!
예수님의 제자들은 도움이 되지 못했어요 - 그들 모두가 잠들었어요!
But God sent an angel to make Jesus strong and brave.
그러나 하나님께서 천사를 보내셔서 예수님을 강하고 용감하게 하셨어요.

Luke 22

● 낱말아, 너 무슨 뜻이니?

6. very : 아주, 매우
12. an angel : 한 천사

● 문장 안에 있는 낱말의 역할을 관찰해요.

1. After supper/ Jesus/ took/ his disciples/ to a garden/ to pray.
   만찬 후에/ 예수님께서/ 데려가셨어요/ 그의 제자들을/ 한 동산에/ 기도하시려고
2. Jesus/ felt/ very sad.
   예수님께서/ 느끼셨어요/ 매우 슬프다고
3. He/ knew/ the soldiers/ were coming/ soon.
   그는/ 아셨어요/ 병사들이/ 올 것을/ 곧
4. He/ knelt down and prayed/ for God/ to help/ him.
   그는/ 무릎을 꿇고 기도드렸어요/ 하나님께서/ 도와주시기를/ 그를
5. His disciples/ were/ no help - they/ all/ fell asleep!
   그의 제자들은/ 이었어요/ 아무 도움도 아닌/ 그들은/ 모두가/ 잠들었어요
6. But God/ sent/ an angel/ to make/ Jesus/ strong and brave.
   그러나 하나님께서/ 보내셨어요/ 한 천사를/ 하게 하시려고/ 예수님을/ 강하고 용감하게

● 물음에 답하세요.

Why did God send an angel to Jesus?
하나님께서는 왜 한 천사를 예수님께 보내셨나요?
Because God wanted Jesus to be strong and brave.
하나님께서 예수님이 강하고 용감하게 되기를 원하셨기 때문이에요.

The soldiers nailed Jesus to a cross made of wood.
병사들이 예수님을 나무 십자가에 못 박았어요.
They put two bad men on crosses next to him.
그들은 두 명의 나쁜 사람들을 예수님 옆에 있는 십자가에 두었어요.
One of the bad men was sorry for his sins.
나쁜 사람들 중 하나가 자기의 죄를 뉘우쳤어요.
He asked Jesus to forgive him.
그는 예수님께 자기를 용서해 주시기를 부탁드렸어요.
Jesus said yes, he would do that.
예수님께서 그렇게 하시겠다고 하셨어요.
Jesus forgives everyone who asks him to.
예수님께서는 그에게 용서를 구하는 모든 사람을 용서하셔요.
He will forgive you.
예수님께서 여러분을 용서해 주실 거예요.

Luke 23

● 낱말아, 너 무슨 뜻이니?

2. Of Jesus : 예수님의
7. on crosses : 십자가 위에

● 문장 안에 있는 낱말의 역할을 관찰해요.

1. The soldiers/ nailed/ Jesus/ to a cross/ made of wood.
그 병사들은/ 못 박았어요/ 예수님을/ 하나의 십자가에/ 나무로 만든
2. They/ put/ two bad men/ on crosses/ next to him.
그들은/ 두었어요/ 두 명의 나쁜 남자들을/ 십자가들 위에/ 그의 옆에 있는
3. One of the bad men/ was/ sorry/ for his sins.
그 나쁜 남자들 중에 하나가/ 이었어요/ 뉘우치는/ 그의 죄들에 대해서
4. He/ asked/ Jesus/ to forgive/ him.
그는/ 부탁드렸어요/ 예수님께/ 용서해 주실 것을/ 그를
5. Jesus/ said/ yes,/ he/ would do/ that.
예수님께서/ 말씀하셨어요/ 그렇게 하시겠다고,/ 그가/ 하실 거였어요/ 그 일을
6. Jesus/ forgives/ everyone/ who asks/ him/ to.
예수님께서는/ 용서하셔요/ 모두를/ 부탁드리는/ 그에게/ 용서하시기를
7. He/ will forgive/ you.
그가/ 용서해 주실 거예요/ 여러분을

● 물음에 답하세요.

What must we do if we want Jesus to forgive us?
예수님께서 우리를 용서하시기를 바란다면 우리는 무엇을 해야만 하나요?
We only need to ask Jesus for his forgiveness.
우리가 예수님께 용서를 구하기만 하면 됩니다.

Unit 24

Crucifixion of Jesus
예수님의 십자가

MEMO

Unit 25

Resurrection of Jesus
예수님의 부활

MEMO

After Jesus was dead, some friends put his body in a cave.
예수님께서 죽으신 후에, 몇 명의 친구들이 예수님의 몸을 굴에 두었어요.

A big stone was put in front of the cave so no one could go in or out.
큰 돌이 아무도 들어가거나 나오지 못하도록 그 굴 앞에 놓여 있었어요.

But early on Sunday morning Jesus came back to life and came out of the grave!
그러나 일요일 아침 일찍 예수님께서 다시 살아나셔서 그 무덤 밖으로 나오셨어요.

He was alive again!
예수님은 다시 살아나셨어요!

Luke 24

● 낱말아, 너 무슨 뜻이니?

8. no one : 아무도
16. again : 다시

● 문장 안에 있는 낱말의 역할을 관찰해요.

1. After Jesus/ was dead,/ some friends/ put/ his body/ in a cave.
   예수님께서/ 죽으신 후에/ 몇 명의 친구들이/ 두었어요/ 그의 몸을/ 한 굴속에
2. A big stone/ was put/ in front of the cave/ so no one/ could go in or out.
   하나의 큰 돌이/ 놓였어요/ 그 굴 앞에/ 그래서 아무도/ 들어가거나 나올 수가 없었어요*
   (*no의 영향으로)
3. But early/ on Sunday morning/ Jesus/ came back/ to life/ and came/ out of the grave!
   그러나 일찍/ 일요일 아침에/ 예수님께서/ 돌아오셨어요/ 생명으로/ 그리고 나오셨어요/ 그 무덤 밖으로
4. He/ was/ alive/ again!
   그는/ 이었어요/ 살아 있는/ 다시

● 물음에 답하세요.

Did Jesus stay in the cave?
예수님께서는 굴속에 머물러 계셨나요?

No, he didn't. He was alive again.
아니오, 예수님께서는 무덤에 머물러 계시지 않았어요. 그는 다시 살아나셨어요.

Jesus' friends could hardly believe that he was alive again.
예수님의 친구들은 예수님께서 다시 사신 것을 믿기가 어려웠어요.
So he showed them the nail marks in his hands and feet.
그래서 예수님께서 그 친구들에게 자기의 손과 발에 있는 못 자국을 보여 주셨어요.
One day he rose up into the sky and disappeared in a cloud!
어느 날 예수님께서는 하늘로 올라가셔서 구름 속으로 사라지셨어요!
He went back to his Father in heaven.
예수님은 하늘에 계신 그의 아버지께로 돌아가셨어요.
Someday he will come back to earth again!
언젠가 예수님께서 이 땅에 다시 오실 거예요!

Luke 24, Acts1

Unit 26

Jesus Ascends to Heaven
예수님이 하늘로 승천하시다

MEMO

● 낱말아, 너 무슨 뜻이니?

5. alive : 살아 있는
14. in heaven : 하늘에 계신

● 문장 안에 있는 낱말의 역할을 관찰해요.

1. Jesus' friends/ could hardly believe/ that he/ was/ alive/ again.
   예수님의 친구들은/ 믿기가 어려웠어요/ 그가/ 이라는 것을/ 살아 있는/ 다시
2. So he/ showed/ them/ the nail marks/ in his hands and feet.
   그래서 그는/ 보여 주셨어요/ 그들에게/ 그 못 자국들을/ 그의 손들과 발들에 있는
3. One day/ he/ rose up/ into the sky/ and disappeared/ in a cloud!
   어느 날/ 그는/ 위로 올라가셨어요/ 하늘로/ 그리고 사라지셨어요/ 하나의 구름 속에
4. He/ went back/ to his Father/ in heaven.
   그는/ 돌아가셨어요/ 그의 아버지에게/ 하늘에 계신
5. Someday/ he/ will come back/ to earth/ again!
   언젠가/ 그는/ 돌아오실 거예요/ 땅으로/ 다시

● 물음에 답하세요.

Where did Jesus go?
예수님께서는 어디로 가셨나요?
He went back to his Father in heaven.
예수님은 하늘에 계신 그의 아버지께로 돌아가셨어요.

펴낸날 2015. 07. 24
펴낸이 전용재
엮은곳 기독교대한감리회 교육국
엮은이 김낙환
기획 · 감수 최임선
집 필 이승주
그 림 김유리
펴낸곳 기독교대한감리회 출판국 · 도서출판 kmc
한만철
서울특별시 종로구 세종대로 149 감리회관 16층
Tel. 02-399-2008 Fax. 02-399-2085
홈페이지 www.kmcmall.co.kr
이메일 methpub@chol.com
등 록 제2-1607호(1993. 9. 4)
인 쇄 디자인화소(02-783-3853)

ISBN 978-89-8430-692-9 04230
978-89-8430-664-6 04230(세트)

값 10,000원

이 책의 성경 본문은 Jesus' Friends Press가 독점계약한 Tyndale House Publishers, INC.사의 「A Childs First Bible」(2000)을 사용하였습니다.

이 도서의 국립중앙도서관 출판예정도서목록(CIP)은 서지정보유통지원시스템 홈페이지(http://seoji.nl.go.kr)와 국가자료공동목록시스템(http://www.nl.go.kr/kolisnet)에서 이용하실 수 있습니다. (CIP제어번호 : CIP 2015018556)